非暴力沟通心理学

心理学

邢群麟 编著

用非暴力沟通化解冲突

民主与建设出版社
·北京·

图书在版编目（CIP）数据

非暴力沟通心理学：用非暴力沟通化解冲突 / 邢群麟编著
. –– 北京：民主与建设出版社，2021.7（2023.7 重印）
ISBN 978–7–5139–3677–4

Ⅰ.①非… Ⅱ.①邢… Ⅲ.①心理交往—通俗读物
Ⅳ.① C912.11–49

中国版本图书馆 CIP 数据核字 (2021) 第 155040 号

非暴力沟通心理学：用非暴力沟通化解冲突
FEIBAOLI GOUTONG XINLIXUE YONG FEIBAOLI GOUTONG HUAJIE CHONGTU

编　　著　邢群麟
责任编辑　王　颂　郝　平
封面设计　韩　立
出版发行　民主与建设出版社有限责任公司
电　　话　（010）59417747　59419778
社　　址　北京市海淀区西三环中路 10 号望海楼 E 座 7 层
邮　　编　100142
印　　刷　三河市科茂嘉荣印务有限公司
版　　次　2021 年 9 月第 1 版
印　　次　2023 年 7 月第 3 次印刷
开　　本　880mm×1230mm　1/32
印　　张　7
字　　数　145 千字
书　　号　ISBN 978–7–5139–3677–4
定　　价　36.00 元

注：如有印、装质量问题，请与出版社联系。

前言

　　说话看似很简单，但是要说出有水平、容易被人理解并接受的话则不能不懂得心理学。说话的根本目的在于表达和沟通，懂不懂心理学，表达和沟通的效果将大相径庭。也许我们从来没有把谈话和暴力扯上关系。不过如果稍微留意一下现实生活中的谈话方式，并且用心体会各种谈话方式给我们的不同感受，我们一定会发现，有些话确实伤人！指责、嘲讽、否定、说教以及任意打断、拒不回应、随意出口的评价和结论给我们带来的情感和精神上的创伤甚至比肉体的伤害更加令人痛苦。这些无心或有意的语言暴力让人与人之间变得冷漠、隔膜、敌视。

　　学会非暴力沟通方式，才能把话说到对方的心坎里，获得对方的好感，成为人见人爱的说话高手。一语可以成仇：一句话说错了，会破坏人际关系的良性互动；一句话说错了，会导致功败垂成。一语可以得福：一句话说对了，可以得到方便；一句话说对了，也许会向成功迈进一步。

学会用非暴力沟通方式说话，是一件既容易又不容易的事。说容易，是因为我们每个人都会说话，都知道说话要做到讨人喜欢；说不容易，是因为把握别人的心理很难，而且绝大多数时候说话是即时的，容不得你仔细考虑。难怪著名的成功学家林道安说："一个人不会说话，那是因为他不知道对方需要听什么样的话。假如你能像一个侦察兵一样看透对方的心理活动，你就知道说话的力量有多么巨大了！"

　　说话不得体，不讨人喜欢，会惹来麻烦，达不到预期的效果。一个不善言谈和说话不讨人喜欢的人，很容易给他人留下能力低下和思想匮乏的印象。这样的人不管处在哪一个社会阶层，都不会轻松地获得成功，也不会得到足够的器重和赏识，甚至只能沦为无足轻重的边缘人。学会非暴力沟通是获得上司赏识、下属拥戴、同事喜欢、朋友肯定、恋人依恋的必要条件，是一个人做人办事、行走社会的通行证。为了帮助大家快速掌握非暴力沟通的方法，化解生活中的各种冲突，成为一个受大家欢迎的说话高手，我们精心编写了这本书。本书详细介绍了非暴力沟通在各种场合中的应用，其中涉及社会交际、请求帮助、职业生涯、商业谈判、家庭生活等多个层面，读者通过本书能提高自己的说话能力，在错综复杂的人际关系中应对自如，赢得友谊、爱情和事业，从而踏上辉煌的成功之路。

目录

CONTENTS

第一章

神奇的非暴力沟通术：用爱的语言，改变生活及世界............1

非暴力沟通让你更能赢得别人的理解 2

非暴力沟通的本质是不张扬自己 5

藏锋露拙，示弱比示强更讨人喜欢 7

生活中不妨多点幽默来做调节剂 9

简单否定或肯定他人不可取 12

实话要巧说，坏话要好说 13

不把话说绝，平和解决矛盾 16

第二章

体会和表达感受：充分表达自己而不强加于人 19

表态时"是"或"不是"要少说 20

如何表达与上司不同的意见 22

诱导对方接受自己，而不是强加于人.......................23

充满感情地表达自己才能打动他人.......................27

设身处地，与他人沟通时要站在对方的立场上 30

循序渐进，耐心是非暴力沟通的前提条件...............33

多摆事实，以理服人.................................37

层层剥笋，向对方把道理说明说透.......................39

第三章
用含蓄的方式避免伤害：淡化感情色彩，间接地表达不满... 41

巧妙类比，言在彼而意在此.............................42

用不经意的话暗示别人.................................46

防止弦外之音伤人.....................................48

难说的话要说得隐晦些.................................50

善用闲谈，化解尴尬境地...............................52

淡化感情色彩，间接地表达你的不满.....................54

侧击迂回，举重若轻显真功夫...........................56

说得巧，逐客令也能变得美妙动听.......................57

委婉表达可以使语意软化...............................58

第四章

全身心地倾听他人：被人倾听和理解的感觉，真好 61

倾听也是一种"爱的语言" 62

把说话的权利留给别人 66

倾听是对别人的最好恭维 68

到什么山听什么歌 71

做个倾听高手 74

第五章

有效管理愤怒：有话好好说，生气解决不了问题 77

愤怒不能随心所欲 78

及时停住你的愤怒冲动 80

火气太大，难免被打入恶者的行列 83

给人情面，不要咄咄逼人 85

有了分歧，切忌跟人发生正面冲突 87

学会尊重，私底下指出别人的缺点 89

用谦虚的态度和人说话 91

宽容别人就是宽容自己 94

第六章

区分观察和评论：通过非暴力沟通做出合适批评 99

把握好说话的分寸，不可太露骨 100

看透但不点透：事情说得太白会伤和气 102

批评时应遵守的原则 104

寻找最佳突破口 107

批评孩子的同时还需要对其正确引导 110

以柔克刚，正话反说吐逆耳忠言 112

批评之后给对方铺退路 114

第七章

热爱和善待自己：非暴力沟通让我们遇见更好的自己 117

一生必爱一个人——你自己 118

解决内心冲突，看清自己的成长方向 120

学会使用非暴力沟通进行自我宽恕 123

思想成熟者不会强迫自己做完人 125

看到自己的劣势，但别抓住不放 127

愉悦自己，才是真正地爱自己 130

从现在起，不再对自己进行否定 132

第八章

寻求帮助的最佳打开方式：

真诚地请求，而不是冷酷地要求 135

求人帮助前，说别人认同的话 136

软话更容易催人行动 138

求助时，要避免过于功利的话语 142

暗中智取，让他人无法拒绝 144

迂回委婉地说出你的需求 146

关键语句让对方点头同意 152

要想钓到鱼，必须给鱼儿喜欢吃的饵 155

寻求帮助时要放低姿态 159

第九章

职场见证语言的力量：非暴力沟通让你在职场更成功 161

怎么说话才不会引起领导的反感 162

在领导面前，切勿锋芒太露 165

背后诋毁，无异于"太岁头上动土" 168

即使受了委屈，牢骚话也要谨慎说 169

诚实固然好，但有些实话还是要小心说出口 172

办公场所忌讳的说话方式 174

掌握几种和领导交谈时极为有用的句型 176

如何表达与上司相反的意见 180

把对上司的"意见"变为"建议" 182

第十章
在尊重与合作中远离家暴：
别再用恶毒的话，伤害你在乎的人 185

理智化解夫妻间的争吵 186

孩子需要你的赞美 187

与孩子有效沟通的秘诀 191

规劝的话要"裹着糖衣" 195

对孩子忌说的 8 种话 196

说服父母有妙招 199

父母吵架时的劝说艺术 203

正确对待父母的打骂 205

恰当化解与父母的争执 209

非暴力沟通心理学
——用非暴力沟通化解冲突

第一章

神奇的非暴力沟通术：
用爱的语言，改变生活及世界

非暴力沟通让你更能赢得别人的理解

非暴力沟通能够引起他人的同情，从而打动人心。在日常生活中，巧用悲切的、示弱的语言，与对方拉近距离，使对方产生"同命人"之感，从而唤起对方的同情，也不失为说服人的一个好方法。

非暴力沟通是有技巧的，你不妨试试下面的方法。

1. 把不幸形象化、具体化

把不幸形象化、具体化是指避免直接、抽象地陈述不幸者所承受的痛苦，将这些痛苦形象化，使之成为人们可感可触的东西。

因为抽象的表述再翔实也无法充分调动人们复杂丰富的感受，只有当这些不幸和痛苦具体化、立体化，成为可感可触的东西时，人们才会产生联想，才会有真切的体验，内心的同情与感动才会被激发出来。

一个寒冷的冬天，纽约一条繁华的大街上，有一个双目失明的乞丐。乞丐的脖子上挂着一块牌子，上面写着："自幼失明。"

有一天，一个诗人走近他身旁，他向诗人乞讨。诗人说："我也很穷，不过我给你点儿别的吧。"说完，他便随手在那乞丐的牌子上写了一句话。

那一天，乞丐得到很多人的同情和施舍。后来，他又碰到那诗人，很奇怪地问："你给我写了什么呢？"

诗人笑笑，念着牌子上他写的句子："春天就要来了，可我不能见到它。"

为什么"自幼失明"四个字换成了"春天就要来了，可我不能见到它"，乞丐就得到更多的同情和施舍了呢？这正是因为后者比前者更具体、更形象，不但暗含了失明这一不幸事实，而且表达了乞丐渴望像街上的行人一样亲眼看到春天的心理感受。人们看到这句发自内心的独白，自然会联想到自己的幸运，从而对乞丐的不幸给予深深的同情。

2.强调信任与背叛的反差

这种说法是指细致描述不幸者对背叛者毫无保留的信任和关爱，突显出背叛者可恨可耻，激发人们对不幸者的同情。

很多人恐怕都有被自己信任的人出卖的挫折体验，这种体验不仅让我们对背叛者深深痛恨，而且内心里会产生说不出的委屈与酸楚，我们对背叛者付出的信任和关爱越多，这种委屈与酸楚就会越强烈。针对这一心理，我们可以强调背叛者的背叛不仅仅给爱他的人带来了利益上的损失、肉体上的伤害，更重要的是给其带来了巨大的心灵痛苦。相似的体验会激起人们强烈的心灵共鸣，使他们无法不动情。

恺撒遇刺后，在被安葬时，他的旧部安东尼发表了极为动人的演讲。在演讲的高潮部分，安东尼走下讲台，站在恺撒尸体旁，对着听众们说："你们要有眼泪，现在就尽情地掉吧。恺撒穿的这件大袍，是你们大家熟悉的。我还记得，恺撒第一次穿上这件大袍的时候，是在一个夏天的晚上，那天正是征服爱威领地的光辉日子。现在你们看，卡西乌斯的刀子是从这里刺进去的；加斯加在这里捅了一刀；这个地方，正是恺撒最宠爱的布鲁图斯刺穿的。刀子抽出来时，恺撒鲜血淋漓，好像已跑出门来问，'恺撒是那样爱布鲁图斯啊，难道布鲁图斯也忍心下此毒手吗？'啊！天知地知，恺撒是何等爱布鲁图斯，这一刀，是无情无义的一刀。恺撒看见他们都来杀他，'无情'两字所造成的伤痛会比刀伤厉害得多。各位，请想一想，这是怎样一个大冤劫啊！照这样下去，你我不都是在劫难逃吗？你们怎么也哭起来了？我发现你们也是有天良的人啊，大家都在同洒伤心之泪，你们这些善良的人，才看见恺撒的一件衣服就如此悲痛，你们还没有看见他的尸体呢，他的尸体在这里，你们看，被这些大逆不道的叛徒弄成这个样子了！"

在这段演讲中，安东尼没有过多地强调背叛者的刀刃给恺撒带来的肉体痛楚，而是强调恺撒对仇敌们糊涂的信任与爱，强调这场背叛给恺撒带来的心灵痛苦。人们看到这样一位杰出的领导者竟因为对部下的宠信而遭到如此不幸的结局，这种"恩将仇报"的冷酷现实无法不令他们的内心掀起巨大的波澜。

非暴力沟通心理学
——用非暴力沟通化解冲突

非暴力沟通的本质是不张扬自己

通过贬低自己，让人先从心理上松懈，在此基础上，想要再攻陷对方的心防就容易很多。

许多人都懂得高捧他人的方法，不过有人会认为那样的做法实在令人羞赧，而产生排斥的心理。大家都坐过跷跷板，如果一边贴地，跷跷板的另一边必定是在高空。而这个跷跷板"和"的原则，也可以适用于人际关系中。亦即适时地贬低自己，相对地捧高对方。使用这种方法，高捧他人，可以让他人的心理变得松懈。

进一步说，如果对他人采取轻视的态度，这对自己绝无半点好处。因为你刺伤他的自尊心，他就会对你产生敌意，从而影响你的人际关系。

例如，我们参加开幕仪式时，即使那是一家不怎么样的店铺，我们也要恭维地说："这店铺看起来真不错，室内的装潢也很考究。不像我经营的那家，门没做好，窗户也是一大一小的。"这样将对方和自己作具体的比较，并有技巧性地批评自己略逊对方一筹，对方将因被人高捧而产生优越感，心里更是舒服。

相反的，如果以轻视的口吻对主人说："店铺的柜台再宽一点儿会比较好。你们下次整修时可要记住啊！"对方听到这样毫不客气的批评，一定会大感不悦，从此对你产生敌意。

我们不妨利用"贬低自己"的诀窍，捧高对方，达到感情投资的目标，如此，成功便离你不远。

某一年年底，日本一家电视台为了要制作迎新晚会，邀请了一些具有知名度的演艺人员参加，众人齐聚一堂。当时摄影棚里准备了一桌美味的佳肴，还有装饰豪华的背景。虽是庆祝会，但演艺人员却因紧张而个个面色沉重，现场气氛严肃。

就在大伙儿面面相觑的时刻，脱口秀表演者橘家圆藏突然摆出一副天真的小孩模样，竟然吃起摆在桌上的菜肴，还津津有味地说："真好吃。各位，我先用啦！"大家看到这样有趣的画面，每个人都把心情放松，严肃的气氛顿时消融。

橘家圆藏贬低自己，把自己当天真的小孩来改善所有人的心情，这需要相当的智慧。

一家酒店正在为员工们举办除岁宴会，并邀请员工眷属共同参与，员工们的先生、太太、孩子齐聚一堂。然而，在这种大众齐聚的场合里，平日谈笑风生的男女服务生却哑口无言，场面有点儿尴尬。这时一男性员工勇敢地站起来同大家打哈哈，企图软化僵硬的气氛，他笑嘻嘻地对着群众述说自己昔日的失恋经验，炒股票赔了不少钱，以及在家中挨老婆责骂等故事。当众人听到这位男性员工亲身经历的失败后，整个会场的气氛便开始热闹起来了。

或许有人仍没有勇气这样做。没关系，对于比较害羞的人，还有一个高捧他人的技巧。例如，与他人第一次见面时，在双方互相不了解的情况下，彼此心中可能都会提高警觉，谈话也总是不够起劲，因此对话尴尬又不自在。这时，不妨以自己的失败经验当话题。这样一来即使是不擅高捧他人的人，也能因此达到贬低自己高捧他人的效果。

炫耀自己仅会引起别人的反感，而谈及自己的失败经验，不但会增强对方的自尊心，更能打开对方的心扉，让对方坦然地接受你。所以，先贬低自己再与他人谈话，实在是一种高明的攻心方式。

藏锋露拙，示弱比示强更讨人喜欢

在人际交往中，示弱是极高的智慧。所谓枪打出头鸟，锋芒毕露必然招来他人的不悦。要与人和谐相处，讨人喜欢，必须学会示弱。

美国心理学家做过这样的调查，一名彪形大汉在拥堵的马路上横穿而过，愿意给他让路的车辆不到50%，而一个老弱病残人士过马路，大家争着相让，同时大家都觉得自己做了一件好事。

对于人类来说，面对压力不低头的是有个性的人，而适当地选择示弱、认输、放弃的人则是聪明的人。

生活中向人示弱，可以小忍而不乱大谋；工作中向人示弱，可以收敛棱角并蓄势待发。强者示弱，可以展示你的博大胸襟；

弱者示弱，可以积累时间渐渐变得强大。

美国第九任总统威廉·亨利·哈里森出生在一个小镇上，他小时候是个文静怕羞的孩子，人们常喜欢捉弄他。他们经常把一枚5分的硬币和一枚1角的硬币扔在他的面前，让他任意捡一个，威廉总是捡那个5分的，于是大家都嘲笑他。有一天一位好心人问他："难道你不知道1角的比5分的值钱吗？"

"当然知道，"威廉慢条斯理地说，"不过，如果我捡了那个1角的，恐怕他们就再没有兴趣扔钱给我了。"

与陌生人相处，适当示弱是一种真诚的体现。但大多数时候，我们都习惯于在别人面前展示自己坚强美好的一面，总想掩饰自己脆弱的一面。可是，社会心理学家指出，适当地在别人面前表现你比较脆弱的一面，更容易拉近彼此间的心理距离。

向对手示弱，是一种策略。示弱只为迷惑对手，使其麻痹，然后选择时机出奇制胜。

在上级或长辈面前示弱，是一种生存本领。初入社会的年轻人多不懂此理，一开始便以恃才傲物的姿态面对生活，阻断了别人向自己传授经验的机会，给自己以后的发展留下了隐患。

当然，示弱并非奴颜婢膝地献媚，这样做只会自取其辱。恰当地示弱，是为了避其锋芒，养精蓄锐，蓄势待发。这与韬光养晦的道理是一致的。

表现得强势，必然会让人产生距离感，给人不好相处的印象。要与人拉近距离，打好关系，就要收起棱角，学会示弱。向人示威，

非暴力沟通心理学
——用非暴力沟通化解冲突

人人都会，向人示弱却并非人人能做到，因为示弱既需要勇气也是一种智慧。

人心都是肉长的，在攀谈之中添加些眼泪，可以有效地软化对方。

"泪眼战术"是示弱的一种表现形式，它不仅是女人的专利，纵观历史，男人们也善用此道。

与刘璋涪城相会时，刘备"挥泪诉告衷肠"。这次的哭，使得川中军民皆以为刘备是仁慈之主。这也是刘备日后进攻西川时，川中将士多有弃甲倒戈者，百姓夹道欢迎的主要原因。

苦情戏用得好，就能达到事半功倍的效果，不能不说刘备是善用眼泪的能手。而女人的眼泪就更容易打动人心了。聪明的女人懂得善用温柔的眼泪为自己办事。

生活中不妨多点幽默来做调节剂

为了应付人生大大小小的挑战，你需要力量——不论你是为人父母或是为人子女，教师或是学生，售货员或是消费者，老板或是职员，上司或是下属，幽默都能赋予你战胜困难的力量。

幽默的力量体现在沟通上，就像我们打开电灯开关，电流便沿着电线被输送到机器上一样，只要按下幽默的按钮，就能促使一股特别的力量源源而来。我们可以把这股幽默的力量导向他人，并与他人直接沟通。

有了幽默，我们可以学会以笑来代替苦恼。借着幽默的力量，我们能使自己和他人超越痛苦。

真正的幽默的力量是从内心涌出，更甚于从头脑涌出。

幽默的力量体现在它可以润滑人际关系，消除紧张，减轻人生压力，提高生活的品质。它可以把我们从个人的桎梏中拉出来，使我们和他人相处不至于紧张；它可以化解冰霜，使我们获得益友；它还可以使我们精神振奋，信心倍增，使我们脱离许多不愉快的事情。

有一位年逾八十的老先生在接受身体检查时说："医生，你可记得上回你说我有一大堆毛病，说我得学会和这些毛病生活在一起？包括我的关节炎、视力减退、重听、高血压。"

医生回答说："信任我吧，你很快就能学会和这些毛病生活在一起的。"

"我知道。"老人也同意，"现在，我在想，您是不是可以再加一项，加上一个20岁的妻子！"

把"因幽默的力量而享受趣味"加在你的日程表上，学会去生活得更快乐，以轻松的心情面对自己，而以严肃的态度面对人生，掌握你自己的幽默力量。

1. 幽默是烦恼生活的开心剂

生活绝非全是幸福，与幸福相对的就是烦恼，这是一对孪生的兄弟，谁也离不开谁。一般的家庭，遇上烦恼的事情，往往是一方发火，甚至双方发火，发展到大吵一场，从而带来更大的烦恼和不快。幸福的家庭同样也有烦恼，只不过解决的方法不同，他们在理性解决烦恼的同时，往往还运用幽默的手段，化烦恼为欢笑。

2. 幽默又是趣味生活的添加剂

生活需要趣味，而且是各种各样的趣味，于是世界便有了层出不穷的志趣、理趣、情趣、谐趣、童趣、野趣、真趣、闲趣、文人雅士之趣、市井小民之趣、渔夫樵子之趣、灯红酒绿之趣、田园牧歌之趣，还有猫之趣、狗之趣、花鸟鱼虫之趣……

幽默是趣味生活的添加剂，因为生活中存在着幽默，关键是你要能发现它，并且用幽默的语言来解释它，那样你的生活就会更加充满乐趣。

幽默是艰苦生活的调味剂。生活有时是相当艰苦的，有幽默感的人善于苦中作乐，用幽默作为艰苦生活的调味剂，鼓励自己克服困难，渡过难关。

3. 幽默还是天伦之乐的合成剂

为了延续后代的需要，人类有繁衍后代的本能，儿孙绕膝、其乐融融——天伦之乐也！所以，没有子女要烦恼，有了子女也要烦恼，不过在后一种烦恼中，蕴含着天伦之乐罢了。

法国前总统德斯坦从小很顽皮，经常问一些使他父亲难以回答的问题。一次，他考试成绩不佳，得了个倒数第 10 名，父亲很不满意。德斯坦问父亲道："1 和 20，哪一个数值大？"

"自然是 20。"爸爸不假思索地回答。

德斯坦接着问道："那么我考试列第 20 名，不是比第 1 名好吗？你为什么不满意？"

德斯坦的幽默告诉我们这样一个道理：不要强求子女的成绩，因为不可能所有学生的成绩都是 100 分，有时要顺其自然，这样"天伦"之间才有"乐"可言，不然就要徒增烦恼了。

生活有时会像一个喜剧小品，充满了幽默感；聊天，有时也会像一段相声，使人觉得妙趣横生……处在那样一种心境，你会感到：生活，是多么美好！

简单否定或肯定他人不可取

评价他人是最为敏感的事情，应格外慎重。尤其是对自己不喜欢的人作否定性评价时，更应注意公正、客观，不要言辞过激，最好少使用"限制性"词语。如果某下属办糟了一件事，在批评时，某领导说："你呀，从来没办过一件漂亮事！"这话就说得过于绝对，对方肯定难以接受。如果这样批评："在这件事上，我要批评你，你考虑得很不周到！"这样有限度的批评，对方就会心服口服，低头认错。因此，对他人作肯定或否定性评价时，要注意使用必要的限制性词语，以便对评价的范围作准确的界定，恰当地反映事物的性质、状态和发展程度。只否定那些应该否定

非暴力沟通心理学
——用非暴力沟通化解冲突

的东西，千万不要不分青红皂白，简单地一言以蔽之。

妙语精言，不以多为贵。领导者在批评下属的过错时，经常要用听起来简单明了、浅显易懂，实际上含意深刻、耐人寻味的语言，使出现过错的人经过思考，便能从中得到批评的信息，并很快醒悟，接受批评，改正过错，吸取教训，不断前进。

实话要巧说，坏话要好说

人与人之间交流，语言是最主要的手段。虽然说起话来仅用一张嘴，但由于言谈中要对他人的面子、自尊等有所顾忌，或对某些事情需要保密等，实话实说往往会令人尴尬、伤人自尊。

这就要求我们的言谈不仅要动嘴，而且要动脑。实话是要说的，但应该巧说。那么该如何巧妙地去表达呢？如何才能说得既让人听了顺耳，又欣然接受呢？

这里，为大家介绍几种有效的方式：

1. 抓住心理达到目的

这就是要抓住人的心理，运用激将的方法，进而达到自己真正的目的。

一位穿着华贵的妇女走进时装店，对一套时装很感兴趣，但又觉得价格昂贵，犹豫不决。这时一位营业员走过来对她说，某某女部长刚才也看好了这套时装，也觉得这件时装有点贵，刚刚离开。于是这位夫人当即买下了这套时装。

这位营业员能让这位夫人买下时装，是因为她很巧妙地抓住了这位夫人"自己所见与部长略同"和"部长嫌贵没买，自己要与部长攀比"的心理，用激将的方法巧妙地达到了让夫人买下时装的目的。

2. 藏而不露巧表达

运用多义词委婉曲折地表明自己要说的大实话。

林肯任总统期间，有人向他引荐某人为阁员，因为林肯早就了解到该人品行不好，所以一直没有同意。一次，朋友生气地问他，怎么到现在还没结果。林肯说："我不喜欢他那副'长相'。"朋友一惊道："什么！那你也未免太严厉了，'长相'是父母给的，也怨不得他呀！"林肯说："不，一个人超过四十岁就应该对他脸上那副'长相'负责了。"朋友当即听出了林肯的话中话，再也没有说什么。

很显然，这里林肯所说的"长相"和他朋友所说的"长相"，根本不是一回事。林肯巧妙地利用词语的歧义，道出了"这个人品行道德差，我不同意他做阁员"这句大实话，既维护了朋友的面子，又达到了自己的目的。

3. 由此及彼肚里明

两个人的意见发生了分歧，如果实话实说直接反驳就有可能伤了和气，影响团结。这个时候就需要我们采取这种方法，因为这样可能会避免一些麻烦。

有这样一个例子。一次事故中，主管生产的副厂长老马左手手指受了伤被送往医院治疗，厂长老丁来病房看望时，谈到车间小吴和小齐两个年轻人技术水平较强，但组织纪律观念较差，想让他们下岗一事。老马当时没有表态，只是突然捧着手哎哟哎哟大叫。丁厂长忙问："疼了吧？"老马说："可不是，实在太疼了，干脆把手锯掉算了。"老丁一听忙说："老马，你是不是疼糊涂了，怎么手指受了伤就想把手给锯掉呢。"老马说："你说得很有道理。有时候，我们看问题，往往因注重了一方面而忽视了另一方面啊。老丁，我这手受了伤需要治疗，那小吴和小齐……"老丁一下子听出老马的弦外之音，忙说："老马，谢谢你开导我，小吴和小齐的事我知道该怎么处理了。"

老马用手有病需要治疗类比人有缺点需要改正，进而巧妙地把用人和治病结合起来，既没因为直接反对老丁伤了和气，又维护了团结，成功地解决了问题，实在是高！

总之，无论是想说好话，还是想说坏话，语言表达产生的效果往往比你最初要表达的想法更重要，只有把话说得让对方乐于接受，你的表达才算有正面意义。

不把话说绝，平和解决矛盾

双方发生矛盾后，肯定谁的心里都不痛快，很容易失态，口出恶言，把话说绝了。一时把话说绝了，痛快也只能是一时的，而受伤害的是双方长远的关系。所以，即使有了再大的矛盾，我们都应该把握住一点，就是不把话说绝。否则，在我们的生命中只能留下深深的遗憾。

小熊和星采是在一次联谊会上认识的，他们很快便从热恋走向了婚姻。两人都是名牌大学的高材生，虽然刚刚毕业没几年，但两人的事业都有了起色，向着光明而辉煌的方向发展。

两人虽然经常出差，但这个小家却不缺少温馨，直到小熊的妈妈来他们的家里住了一段时间，对两人的这种生活状态非常不满。在小熊妈妈看来，自己的儿子拼死拼活地工作，回家连口热乎饭菜都没有，是自己儿媳妇星采最大的失职。因此她一次又一次地责备自己的儿子，让他和星采谈，让星采辞去工作，专门理家。

小熊爱着星采，他理解星采的工作方式，因此一直都没有干涉星采的生活。小熊妈妈生日的那天晚上，小熊早早回家陪妈妈吃饭，而星采则很晚才回来，还带了一身酒气。小熊看到星采，心中突然升起无明业火，大声地吼道："你知不知道今天是妈妈的生日，还出去鬼混，如果你再这样，我们就离婚！"星采听到后非常震惊，她晚上是去应酬公司一位非常重要的客户了，她也为自己忘记了婆婆的生日而自责，可她依然强硬地说："要离现在就离，我也不想忍受你妈妈那副难看的表情了！"于是，二人一夜无话，第二天默默地签了离婚协议书。

就这样，因为一时冲动，两人说出了决绝的话，一段婚姻结束了。其实，在现实生活中，人们普遍存在着吃软不吃硬的心态，特别是性格刚烈的人。如果你说话"硬"，他就可能比你更硬；如果你来"软"的，对方倒会于心不忍，也就有话好好说了。

有的人会说，发生这个矛盾，我就打算和他绝交了，把话说绝了又怎么样。真是这样吗？要知道，暂时分手并不等于绝交。

友好的分手还会为日后可能出现的和好埋下伏笔。有时朋友间分手绝交，并非彼此感情的彻底泯灭，而是因一时误会造成的。如果大家采取友好的分手方式，不把话说绝，那么，有朝一日误会解除了，就很可能会重归于好，使友谊的种子重新绽放出绚丽的花朵。在这方面不乏其例。

17世纪初，丹麦天文学家第谷·布拉赫和德国的开普勒共同研究天文学，两个人建立了亲密的友谊。后来，开普勒听了妻子的挑唆，丢下研究课题，离开了第谷。然而第谷并没有因此而指责开普勒，还宽大为怀，写信作解释。不久，开普勒终于明白，是自己误听谗言，十分惭愧，写信向第谷道歉，并回到了已病重的第谷身边。两个人言归于好，再度合作，终于发表了《鲁道夫星表》，他们的名字也载入了科学史册。

从这个事例可以看出，他们之所以能恢复友谊并共同做出成就，是与当时采取友好分手方式有直接关系的。所以说，不把话说绝实在是一种交际美德，值得提倡。有的人不明白这个道理，他们一和别人发生矛盾就取下策而用之，与人反目为仇，谩骂指责，把话说得很绝，以解心头之恨。这样做痛快倒也痛快，但他们没想到，在把别人骂得狗血喷头的同时，也暴露了自己人格上的缺陷。人们会从这样的情景中看到，他对别人居然如此刻薄，如此不留情面，如此翻脸不认人。把话说绝得不偿失，所以，在与人发生矛盾时，要友好地解决问题。

非暴力沟通心理学
——用非暴力沟通化解冲突

第二章

体会和表达感受：
充分表达自己而不强加于人

表态时"是"或"不是"要少说

在实际的交往中，有时你可能处于主动地位，有时则可能处于被动的位置。在被动情况下接受对方的提问、质疑时，如何回答、如何表态就成为一个十分关键的问题，稍有不慎，就会造成误解、泄密或其他不良后果。这时，最好的办法就是避免表态。但是，直率地拒绝表态是失礼的、不当的。正确的办法应该是：表态时尽量避开说"是"或"不是"，既要避开表态，同时又不能有损对方的面子，破坏双方交谈的气氛，还要在公众面前树立起良好的个人形象和国家形象。常见的避开表态的方法有以下两种。

1. 话题转移法

20 世纪 70 年代的中东战争中，基辛格率领美国代表团前往埃及与萨达特总统进行和平谈判。会谈一开始，萨达特说了几句寒暄话以后，就让基辛格看一个计划。然后，萨达特吸了一口烟，征求基辛格的意见，要他表态。

根据这个计划，以色列须大范围撤离，这是难以办到的。基辛格不能表示同意这个计划。但是，会谈刚刚开始，而且美、埃自战争以来才刚刚开始接触，这时表态拒绝这个计划也是不明智的。那么，可不可以表态说"让我们就交换条件谈谈吧"？也不行，在双方没有任何基础的时候来谈这个各方都难以让步的棘手问题，也将是危险的。这时，基辛格就使用了话题转移法。基辛格说道："在我们谈论手头的事务以前，可否请总统告诉我，你是怎样设法在 10 月 6 日那天如此成功地发动了那次令人目瞪口呆的突然袭击的？那是个转折点，我们现在所做的事，从某种意义上说，是这个转折点的必然结果。"

萨达特眯着眼睛，又吸了一口烟，他微笑了。于是他放弃了要基辛格表态的要求，而是应基辛格的要求讲述起来。基辛格之所以能成功地避免表态，是因为他采用尊重对方的方法来转移话题。基辛格主动问起那件事是恭维萨达特，确立他的谈判地位，证明他不是从软弱的地位出发来进行谈判的，他不是一个低声下气的人，他已为埃及取得了谈判的权利。总而言之，他恢复了埃及的荣誉和自尊心。

2. 玩笑回避法

在埃及和美国会谈结束后，萨达特和基辛格两人会见了记者。一名记者问萨达特："总统先生，美国是不是从现在起不再给以色列空运军用物资了？"

"你这个问题应当向基辛格博士提出。"萨达特回答道。虽然此时他已十分清楚地知道空运即将结束，但他还是进行了回避。

基辛格立即说："幸亏我没有听见这个记者问的是什么问题。"

对于空运是否即将停止这个敏感的机密问题，双方都出于保密原因而进行回避，但萨达特用的是转移视线，而基辛格用的则是"打哈哈"，即说笑回避。在当时情况下，这两种方法都是有效的。

因此在遇到一些棘手的事，需要你表态时，要尽量避免用"是"或"不是"这样的绝对性字眼，而要采取措施转移或回避表态。

如何表达与上司不同的意见

楚庄王的一匹爱马死了，他非常伤心，下令以上等棺木行大夫礼节厚葬。文臣武将纷纷劝阻，都无济于事。最后，楚庄王还下令说，谁要再敢提反对意见，一律处死。

很明显，不论怎样改头换面，只要一说"不"，必是自取其辱。优孟知道了，直入宫门，仰天大哭，倒把楚庄王弄得异常纳闷，迫不及待地问他怎么回事。优孟说：

"那马是大王最喜欢的，却要以大夫的礼节安葬它，太寒酸了，请用君王的礼节吧！"

庄王越发想知道理由了，优孟继续说：

"请以美玉雕成棺……让各国使节共同举哀，以最高的礼仪祭祀它。让各国诸侯听到后，都知道大王以人为贱而以马为贵啊。"

至此，庄王恍然大悟，赶紧请教优孟如何弥补自己的过失。

最终将马付于庖厨，烹而享之。以优孟的地位，如果直陈利弊，凛然赴义，固然令人肃然起敬，但效果却不一定好。像这样正话反说，力挽狂澜，更是让人拍案叫绝。

跟上司提相反的意见，有些时候你的话是不好直接说出来的，为了避免尴尬，不妨从其反面说起。因为真理再向前一步就变成谬误，反之，反面的话稍加引申，就可能走向反面的反面。在你的反话中，上司认识到自己的不对了，自然就会改变他原来的意见，而且这样上司还不会觉得你不给他面子。

诱导对方接受自己，而不是强加于人

要想说服别人，我们就要想办法让别人认可我们的想法，而诱导法无疑是让别人认可我们的想法的有力的劝导术。

与他人理论时，你的想法必须得到对方的认可。为了达到成功说服的目的，我们必须采取一些方法及手段，而诱导，正是在这一过程中必须采用的手段之一。诱导说理，心平气和，步步引导，耐心商讨，别人易于接受。诱导技巧的关键在"诱"字，立足在"导"字。要诱得巧妙，导得自然，应做到四点。

1. 有目的地诱导

要有明确的说明目的，有的放矢，所有的诱导内容，都要紧紧地为总目的服务。

古时候，有一位父亲得知儿子染上了赌博的恶习，便给他写了一首戒赌诗，以诗说理规劝。诗曰："贝者是人不是人，只因今贝起祸根。有朝一日分贝了，到头成为贝戎人。"儿子看后，不解其意。父亲给他一一解道："贝者是赌，今贝是贪，分贝是贫，贝戎是贼。赌、贪、贫、贼是每一个赌博之徒的必由之路。"儿子听了，立刻幡然醒悟，弃赌从良，自食其力。

这位父亲劝子戒赌的方法巧就巧在：第一，以诗劝子，方法新颖，让儿子去思考其中的含义；第二，当儿子百思不得其解时，一语道破诗意，道出"赌博必定贫穷，强盗出于赌博"的道理，使儿子恍然大悟。这种有目的的诱导方法往往能收到较好的劝说效果。

2. 有步骤地诱导

既有总体设计，又有分步计划。每一步怎样诱导，怎样发问，谈话前都要经过深思熟虑，胸有成"话"。这样，环环紧扣，步步深入，最后矛盾凸显，诱使对方在无法解决的矛盾面前自我否定。

某饭店服务员小刘捡到顾客遗失在店内的手机，想据为己有，被领班董大姐发现了，让她上交，可小刘说："手机是我捡的，又不是偷的，更不是抢的，不上交也不犯法。"董大姐说："小刘，你知道什么叫作'不劳而获'吗？""不知道！"小刘嘟着嘴回答。董大姐说："你看，不劳而获是不经过劳动而占有劳动果实。说得确切点是占有别人的劳动果实！""你什么时候学会咬文嚼字了？"小刘有点不耐烦了。董大姐耐心地问："你说，抢别人的东西是不是'不劳而获'？""是的。""你说，偷别人的东西是不是'不劳而获'？""当然是。""那么，捡到别人的东西据为己有是不是'不劳而获'呢？""这……"小刘顿时语塞。董大姐顺势教育道："拾到别人的东西据为己有，和偷、抢得来的东西，在'不劳而获'这一点上是相通的，除了国家法律，我们还应该有一定的社会公德，再说店里也有工作守则，拾到顾客遗失的物品要交还，你可不能犯糊涂啊！"经过董大姐的教育，小刘终于认识到自己行为上的错误，把手机交了出来。

在这里，董大姐避开小刘振振有词的歪理，而是有意和她弄清楚一个看似与论题无关的"不劳而获"的意义，再诱导她由大及小，从面到点，步步推进，最后才切入实质性问题：拾到东西据为己有，同偷、抢一样是"不劳而获"，是同样可耻的行为。一席话使小刘受到了教育。

总之，说服的过程是说服者对被说服者攻心的过程，也是被说服者心理渐变的过程。运用层渐递进的说服技巧，从理论上讲，符合心理学的基本规律；从实践中看，只要运用得恰当巧妙，就能取得理想的说服效果。

3. 有预料地诱导

在诱导之前要考虑到对方会怎样讲，可能有几种讲法，怎样随机应变。这样才能使自己的诱导不会变成"哑炮"、一个人唱独角戏。要使自己的诱导能引出对方的话，开启其思路，就要作通盘打算。

新转入某班的方方同学，做作业马虎、潦草。老师把他叫到办公室，拿出一本字迹工整的作业递给他说："你看这位同学的作业写得怎么样？"方方看了一眼，没说什么。老师又拿出一本字迹潦草、错误较多的作业给他看，并说道："你看这本作业怎么样？"方方看了一眼，说："跟我的作业差不多。""你再看看这两个作业本上的名字。"老师温和地说。这一回，方方疑惑了："都是李林的？"老师抓住时机，耐心地说："差的一本是李林同学去年的作业，这一本是他现在的作业。你现在的作业和李林同学去年的作业差不多，但这不能说明你永远是这样。李林同学经过半年的努力，能写得工整漂亮，老师相信你一定会像李林一样，用不了多长时间就能将作业写好。"老师这段谈话，言此意彼，既维护了学生的自尊，又起到了指出其不足、勉励进步的目的。

方方的老师已经预测出他的每一句问话方方会怎样去回答，然后，他根据方方的回答顺势劝导，起到了较好的说服效果。

4.有诚意地诱导

诚恳开导，不讽刺，不挖苦，这样才能使对方心悦诚服。此法的好处是容许被说服者在接受说服的过程中，存在一个认识过程，获得一些全新的知识。

用诱导技巧说服人，要认真构思，事先把各个环节想清楚，谈话中又要针对实际情况，灵活应变。

充满感情地表达自己才能打动他人

劝说，必须在"晓之以理，动之以情"上大下功夫。而在劝说者与被劝说者之间矛盾尖锐、情绪对立时，说理往往难以奏效，这时，就需要动之以情了。换言之，充满感情的话语更容易赢得别人的尊重和信服。

简单的事情、小道理，用一两个典型事例，再加上简明、扼要的分析，就可以讲清楚。但是，复杂的事情、大道理，涉及多方面的因素，触动一点就牵动全局，则必须全方位、多层次、多角度地进行一系列的说服工作，从多方面展开心理攻势，并辅以严密的逻辑推理，而后才能水到渠成地得出结论。这个结论最好是不要由自己单方面推断出来教给对方，应当以征询意见的口气引导对方同你一起来推理，共同探讨得出结论。让他把你的意见、主张，当作自己寻求的答案，自愿接受。这样的说服才是高明的说服。因为对于经过自己头脑思考发现的真理，人们更坚信不疑。晓之以理，要满怀信心，争取主动，先取攻势。当对方已明确、坚决地表示不同意见之后，再说服他，就要付出加倍的努力。当然，争取主动仍要运用委婉、商榷的语气，切忌盛气凌人、以势压人。

很多说服者在说服他人时，往往能在催人泪下的同时，不露痕迹地对听众施加影响，使人不知不觉地接受，这就是情感的力量。对于形象思维强于逻辑思维的青少年儿童，对于多数平日没有深刻的理论思维的人，以事比事，将心比心，运用其自身或熟人的经验教训，再加上感情色彩浓厚的语言，去进行绘声绘色的诉说，易令人感到亲切可信，引发情感上的共鸣，从而为接受道理扫清了障碍，铺平了道路。

数学家苏步青上小学时，成绩特别差，年年期末考试都是倒数第一。这种情形，就如同把名次靠前的同学的名字"背"在自己身上一样，所以人称"背榜生"。有一次他又逃课了，老师找到他，告诫道："你不读书，别人怎么会看得起你呢？看不起你的原因，不就因为你是背榜生吗？如果你考前几名呢？你知道牛顿吗？他也生长在农村，到城里念书时成绩也不好，同学都欺负他、瞧不起他。一次，一个成绩名列前茅的同学还故意把他打得趴在地上——他凭什么？不就是成绩比牛顿好、身体比牛顿壮吗？别看平时牛顿不敢惹他，这回可不一样了。只见牛顿猛地翻身跳了起来，将那个打他的同学逼到了墙角。那个同学一见牛顿如此勇猛，不由得害怕了，只得认输，从此再也不敢欺负他了。从这件事上，牛顿得到了启发，只要有骨气，肯拼搏，就能取胜。从此他努力学习，终于取得全班第一名的好成绩。"在老师一系列的反问中，苏步青第一次听到了一位大科学家奋发图强的事迹，这无疑使他的心灵受到极大的震动。从此他不断地发奋学习，终于使自己的学习成绩得到根本的改变。

心理学研究表明，当一个人处于愧疚、自责、害怕、焦虑等情绪中时，较易接受劝说信息。因此，说服者应设法通过具体生动的现身说法，帮助说服对象。再以利害关系的强烈对比等方法去感染和警示对方，使他悔悟。那些务实观念很强的人，理难服他，情难动他，但是，如果你能把其中的利害关系给他剖析得明明白白，他一定会仔细考虑你的意见，因为趋利避害是人的本性。

有个出租车女司机在夜晚把一个男青年送到指定地点时，对方突然掏出尖刀逼她把钱都交出来，她装作害怕样交给歹徒300元钱说："今天就挣这么点儿，要嫌少就把零钱也给你吧。"说完又拿出20元找零用的钱。见的姐如此爽快，歹徒有些发愣。的姐趁机说："你家在哪儿住？我送你回家吧。这么晚了，家人该等着急了。"见的姐是个女子，又不反抗，歹徒便把刀收了起来，让的姐把他送到火车站去。见气氛缓和，的姐不失时机地启发歹徒："我家里原来也非常困难，咱又没啥技术，后来就跟人家学开车，干起这一行来。虽然挣钱不算多，可日子过得也不错。何况自食其力，穷点儿谁还能笑话我呢！"见歹徒沉默不语，的姐继续说："唉，男子汉四肢健全，干点儿啥都差不了，走上这条路一辈子就毁了。"火车站到了，见歹徒要下车，的姐又说："我的钱就算帮助你了，用它干点儿正事，以后别再干这种见不得人的事了。"一直不说话的歹徒听罢突然哭了，把300多元钱往的姐手里一塞说："大姐，我以后饿死也不干这事了。"说完，低着头走了。

人类是感情动物，每个人都希望得到他人的尊重和爱护。每当受到了他人的关心，随之便会产生感恩之情，就很容易地接受说服者的意见和建议。说服不是压制，心理学上有对抗理论，人们都喜欢自由支配自己的活动，而不愿听从他人发出的强硬的命令。鉴于这种心理的存在，在说服他人的时候，一定要充满感情，至少要用商量的语气，以保证不伤对方的自尊，这样才利于取得良好的说服效果。

设身处地，与他人沟通时要站在对方的立场上

很多双输者的教训都是由于当事人一味地打自己的算盘，寸土不让，结果导致两败俱伤。而要想实现双赢，方法其实很简单，就是站在别人的立场想问题。

琼斯是芝加哥一位富有的慈善家，他把大量的时间和金钱都花在心脏病的研究上，这是他最热心的一桩事业。国会参议院的一个委员会正在就建立全国性的心脏病基金会的可能性进行调查，要求琼斯到会作证。为了准备发言，他请教了一些最优秀的专家。民间的心脏病研究组织配合他的工作，为他准备了递交给参议院的呼吁书和简明翔实的文件。

当他带着准备好的发言材料去出席听证会时，发现自己被安排在第六个发言，前五人中有医生、科学家及公共关系专家，这些人终生从事这方面的工作，委员还会对他们每个人的资格一一

加以盘问，甚至会突然问道："你的发言稿是谁写的？"琼斯看出，缺乏医学专业知识的议员，对专家们内容高深的演讲半信半疑。轮到琼斯发言了，他走到议员们面前，对他们说：

"先生们，我准备了一篇发言稿，但我决定不用它了。因为我不能同刚才已发表过高见的那几位杰出人物相比，他们已向你们提供了所有的事实和论据，而我在这里，则是要为你们的切身利益而呼吁。你们是美国的优秀分子，肩负重大的责任，决定美国的沉浮，现在你们正处于生命最旺盛时期，处于一生事业的顶峰，你们为国家呕心沥血，工作十分紧张和辛劳。正因为如此，你们的心脏最有可能受到损害，你们最容易成为心脏病的牺牲者。为了你们自己的健康，为了你们家庭中时常祈祷你们安康的妻子和儿女，为了千千万万个把你们送进这个大厅的选民们，我呼吁和恳请你们对这个议案投赞成票！"

琼斯饱含感情，慷慨陈词，一口气说了三个小时，议员们被彻底地征服了。不久，全国性的心脏病基金会就由政府创办，琼斯成为首任会长。

琼斯站在议员们的立场上，直接指出了心脏病对议员本身的威胁，使对方不得不通过这项有利于自身的法案，这是这次演说成功的关键。

有一位先生，辛辛苦苦赚了十几年的薪水后，终于买得一块理想的地皮，并着手修建房屋。他整天都笑逐颜开，在城市里生活，谁不想拥有一栋属于自己的房子呢？谁知事情发生了变化，他突然接到公司的命令，要他到欧洲某个国家主持分公司的工作。这下他乱了阵脚，简直不知道该如何是好。

他想去又放心不下正在动工的房子，想留下又怕影响自己的事业，真是左右为难。不过，他很快就拿定主意，立刻与建筑公司取得联系，通知对方要停止后续工程并解约。

建筑公司负责人认真地听了他的理由，然后从容不迫地说："哦！这确实是件大事，事情既然这么突然，那就得尽快解决。不过，先生，我想提醒你一句，建造这样一栋房子，是你这一生中的一件大事，或许你一生就只修建一次房子，况且工程都已经过半，停工将会有很大的损失，是否应该考虑清楚后再决定呢？"

那位负责人的话似乎在说，这件事如果处理不当，将会影响自己的一生，千万不能因眼前的某件事而改变长远的计划。

本来已经决定解除房屋修建契约的人，最终放弃了解约的念头。

这位建筑公司负责人是说话高手中的高手，虽然短短几句话，却深藏着高明的策略。

首先，他先站在对方的立场想，这么一来，对方在心理及认知上，就会把他当成同路人。

接着，他强调盖房子不是开玩笑的，每个人一生或许就只有一次机会盖房子，千万不能儿戏。

再者，他又回到现实，强调如贸然停工，费用上将有极大的损失。

综合这几个重要且不利于当事人的结果，再下结论，请当事人三思而行，自然会让对方心中一震，如大梦初醒，心中感激这位老板，要不然他可能就做错了决定。

一位哲人说过：婚姻没有你赢我赢，只有双赢或双输。不光是婚姻，在人生的其他方面，这句话同样有效。这是一种逆向思维，需要拿出过人的眼光、勇气及大度的心胸，还要做好舍己为人的准备。

很多时候，如果我们及时调整心态，站在对方的立场思考问题，就会转被动为主动，迅速博得谅解与认同。实践证明：对善于"投桃"的人，现实总会对他"报李"，从而化腐朽为神奇。

循序渐进，耐心是非暴力沟通的前提条件

说服别人并不是三言两语就可以搞定的事，说服别人需要的是耐心。因此，我们在说服别人时要循序渐进，耐心地、一步步地说服别人。

作为一名说服者，不到最后的时刻，永远不要放弃你的说服目标。

1928 年，著名的松下公司急需一笔项目的建设资金。当时的松下公司还处于起步阶段，公司账面上的钱远远不够，只能向银

行贷款。

松下和有联系的银行负责人见面，说明公司的项目要求贷款。银行经理详细询问了整个项目的细节，决定和总行协商后再做出答复。三天以后，总行答复：同意贷款，但要以土地、建筑物乃至松下的"信誉"做担保。

尽管贷款有了着落，但却不是松下所希望的那种方式。对银行方面的做法，松下心中不大满意——以松下的"信誉"做担保，总让人觉得不那么舒服，如果在投资上真的遇到风险，那么把松下的"信誉"赌了出去，松下公司将如何发展呢？在松下看来，信誉是无价的。松下考虑，最理想的结果应该是无担保贷款。于是松下向银行方面表示："对贵行的决定，我表示衷心感谢。但如果以不动产做担保，恐怕会影响到企业的形象，不仅对公司不利，将来对贵行可能也会有所影响。所以，我冒昧地请求，贵行是否可以提供无担保贷款？"

银行方面显得有些犹豫不决。松下接着说："偿还贷款，给我们公司两年时间就足够了，请放心。我厂的土地权利证明书和建筑物权利证明书，都可以交由贵行保存。我很希望贵行能给松下公司一次机会。"

经过松下的耐心说服，银行方面终于同意了松下的请求，答应再和总行联络。两三天以后，银行通知松下，决定为松下公司提供无担保贷款。

如果你的观点是对的，一时说不服人家，你很可能会犯过分心急的毛病。当然，如果人家听了你劝说，立刻点头叫好，改弦易辙，并称赞你"一言惊醒梦中人"，这自然是最妙不过的。实际上，这样的情况并不多见。别人的看法、想法、做法，不是一天形成的。"冰冻三尺，非一日之寒"，要对方改变看法也绝非一日之功。有时，即使他当时表示了心悦诚服，你也要让他回去好好考虑。因为积习难改，当面服了，回去细想可能还会出现反复。即使真是如此，也千万不能指责对方是当面一套背后一套。可见，说服别人要循序渐进，要有耐心。因为有时候，说服本来是可以取得更好效果的，但因为说服人认为已经达到了说服的目的，早早地放弃了说服，使得本来有可能更有利的局势毁于一旦。因此要想说服他人，要遵循以下三个步骤，循序渐进。

1. 了解对方的想法

想要让对方同意你的意见，第一步就是要设法先了解对方的想法。很多人为了说服对方，就精神十足地拼命说，说完了七成，留下三成让对方"反驳"，这样如何能顺利圆满地说服对方？所以，应尽量将原来说话的立场改变成听话的角色，去了解对方的想法、意见，以及其想法的来源，这才是最重要的。

2. 先接受对方的想法

当你感觉到对方仍对他原来的想法坚信不疑时，最好的办法就是先接受他的想法，甚至先站在对方的立场发言。接受对方的立场，说出对方想讲的话。为什么要这样做呢？因为当一个人的想法遭到别人一无是处的否决时，他极可能为了维持尊严或咽不下这口气，反而会变得更倔强地坚持己见，排斥反对者的新建议。

某家用电器公司的推销员挨家挨户推销洗衣机。当他到一户人家里，看见这户人家的太太正在用洗衣机洗衣服，就忙说："哎呀！这台洗衣机太旧了，用旧洗衣机是很费时间的，太太，该换新的啦……"

结果，不等推销员说完，这位太太马上驳斥道："你在说什么啊！这台洗衣机很耐用的，到现在都没有故障，新的也不见得好到哪儿去，我才不换新的呢！"

过了几天，又有一名推销员来拜访。他说："这是令人怀念的旧洗衣机，因为很耐用，所以对太太有很大的帮助。"

这位推销员先站在太太的立场上说出她心里想说的话，使她非常高兴，于是她说："是啊！这倒是真的！我家这台洗衣机确实已经用了很久，是太旧了点，我倒想换台新的洗衣机。"

于是推销员马上拿出洗衣机的宣传小册子，提供给她做参考。这种推销说服技巧，确实大有帮助，因为这位太太已被动摇而产生购买新洗衣机的想法。至于推销员是否能说服成功，只不过是时间长短的问题了。

善于观察与利用对方的微妙心理，是帮助自己提出意见并说服别人的要素。一般来说，被说服者之所以感到忧虑，主要是怕"同意"之后，会发生意想不到的后果。如果你能洞悉他们的心理症结，并加以防备，他们还有不答应的理由吗？至于令对方感到不安或忧虑的一些问题，要事先想好解决之道以及说明的方法，一旦对方提出问题，可以马上说明。如果你的准备不够充分，讲话模棱两可，反而会令人感到不安。所以，你应事先预想一个可以引起对方考虑的问题，此外，还应准备充分的资料，给对方提供方便，以方便其决策。

3. 让对方充分了解说服的内容

有时，虽然有可行的计划，但在向对方说明时，对方无法完全了解其内容，他可能马上加以否定。另外还有一种情形是，对方不知我们说什么，却已先采取拒绝的态度，摆出一副不会被说服的模样，或者根本不听我们说什么。如果遇到以上几种情形，一定要耐心地一项项按顺序加以说明。让对方了解我们的真心实意，这是说服别人先要解决的问题。

多摆事实，以理服人

当一种观念进入心底很长时间时，话语的确难以改变它。此时，可用事实这种最有力的武器来改变它。

改变一个人对一件事的偏见，就要找到与他观念相悖的事实，自然而然地引出这个事实，并在时机成熟时阐述它，发挥它，使之真正成为你的有力论据。让事实说话，让说话的声音更有力。

由于数字更加具体，所以藉由数字产生的事实更容易让人信服。因此，在必要时，我们要设法为枯燥的数字注入生命，这即是说，要让数字所代表的事实，能成为一般人生活经验中的一部分。只有这样，人们对数字才感到亲切，也才能产生兴趣。举例来说，下面的第一种数字陈述方式若能改为第二种陈述方式，则其影响力将显著加大。

A："假如各位接纳我的提议，则公司每个月至少能节省67 453 750元的开支。"

B："假如各位接纳我的提议，则公司每个月至少能节省67 453 750元的开支。从另一个角度来说，倘若这项节省下来的开支，能以加薪的方式平均分配给公司的每一位成员，则每人每月的工资将增加3500元。"

日本语言学大师宇川先生说过："语言抽象程度的高低并不重要，关键在于能否化抽象为具体。如果介绍美国的烹调技术，最好将美国的饮食习惯、食物保存法及一般的家庭主妇烹调用具都详细介绍到，因为方法是抽象的，而烹调用具和实际操作是具体的。"和数字一样，具体的事物和比喻才有说服力。因此，当你要说服一个非专业人士时，记得要用具体的比喻和数字，才会有好的效果。让事实和数据为你说话，你的说服筹码分量会更充足。为了更好地说服别人，我们不妨把一些抽象的事实想办法用具体的方式说出来，只有这样，我们的说服才会更加清晰明了，才能更容易赢得别人的信服。

层层剥笋，向对方把道理说明说透

　　人的思想是复杂的。对某一事物不理解，想不通，往往非一点即通，而需像剥笋一样，把握脉络，层层递进，穷追不舍，把理说透。

　　1921 年，哈默听说苏联实行新经济政策，鼓励吸收外资，就打算去那儿做买卖。他想，那儿最迫切的是消灭饥荒，得到粮食。当时美国粮食正值大丰收，1 美元可买到 24 ～ 35 升大米，农民宁肯把粮食烧掉，也不愿以这样的价格送往市场出售。苏联有的是美国需要的毛皮、白金、绿宝石，如果双方交换, 岂不是很好吗？哈默到达莫斯科的第二天早晨，列宁和他做了亲切的交谈。粮食问题谈完以后，列宁希望哈默在苏联投资，经营企业。哈默听了，默默不语。因为西方对苏联实行新经济政策抱有很深的偏见，搞了许多怀有恶意的宣传，使许多人把其政策想象成可怕的怪物，将到苏联经商、投资办企业视为"到月球去探险"。俗语说，众口铄金，哈默虽然做了勇敢的"探险"者，同苏联做了一笔粮食交易，但对在苏联投资办企业一事，仍心存疑虑。

　　明察秋毫的列宁看透了哈默的心事。他讲了实行新经济政策的目的，告诉哈默："新经济政策要求重新发展我们的经济潜能。我们希望建立一种给外国人以工商业承租权的制度来加速经济发展。"

经过一番交谈，哈默弄清了苏维埃政权的性质和苏联吸引外资办企业的平等互利原则，很想大干一番，但是说着说着，又动摇起来。当列宁听出哈默担心政府机关人员办事拖拉时，立即安慰说："官僚主义，这是我们最大的祸害之一。我打算指定一两个人组成特别委员会，全权处理这一事务，他们会向你提供你所需要的帮助。"

列宁看哈默的眼神里还流露着不放心的意思，就索性把话说得一清二楚："我们明白，我们必须确定一些条件，保证承租人有利可图。商人不都是慈善家，除非觉得可以赚钱，不然只有傻瓜才会在苏联投资。"没过多久，哈默就成了第一个在苏联经营租让企业的美国人。

列宁对哈默的一连串的不解、疑虑，像剥笋一样逐个加以分析，斩钉截铁，干脆利落，毫不含糊，把政策交代得明明白白，使得哈默心里的一块石头落了地。这就是"层层剥笋法"的奇效。试想，如果列宁只是简单地向哈默做些保证的允诺，效果肯定不会太好。

第三章

用含蓄的方式避免伤害：淡化感情色彩，间接地表达不满

巧妙类比，言在彼而意在此

人们为了各自的利益难免会陷入紧张或对立的状态。此时若用轻松的方式去解决，就可以巧妙地化解矛盾，比如用类比的方法。

在战国时期，齐国有个出身卑微的人叫淳于髡。他虽然身材矮小，但口才很好，尤其善于讲笑话，使听者在笑声中受到启发。于是齐威王派他做齐国的使臣，出使各国。由于他有一副雄辩的口才，因而每次都非常出色地完成了使命，深得齐威王的器重。

一次，楚国发兵进攻齐国，齐威王派遣淳于髡带着黄金百斤、驷车十乘的礼物，前往赵国求救兵。淳于髡接到命令之后，放声大笑，直笑得前仰后合，浑身颤动，连帽子缨带都迸断了。齐威王问他道："先生是不是嫌我送给赵王的礼物太轻了？"

淳于髡回答说："不敢，我怎么敢呢？"

齐威王又问："那么，你为何这样大笑呢？"

淳于髡答道："不久前，我从东面来，看见路上有一个人正在向土地神祈祷。他拿着一只猪蹄，捧着一杯酒，嘴里念念有词，'高地上粮食满筐，低地上收获满车，五谷丰登，全家富足。'

我看见他奉献给土地神的少，而向神索取的多，所以觉得好笑。"

齐威王听到此处明白了，淳于髡是在用隐语来劝谏自己增加礼物，于是决定把礼品增加到黄金一千斤、白璧十对、驷车一百乘。

淳于髡带着礼物前往赵国，说动了赵王。回国后齐威王便置办宴席庆贺，见淳于髡颇有酒量，就问他："先生最多能饮多少酒才会醉呢？"

淳于髡回答说："我饮一杯酒也会醉，饮一石酒也会醉。"

齐威王很惊奇，问他说："先生既然饮一杯酒就醉了，怎么还能饮一石酒呢？其中的道理可以说给我听吗？"

淳于髡说："如果在大王面前饮您所赐之酒，执事官吏在旁边看着，御史在后边监督，我心情恐惧，伏地而饮，这样的话，不过一杯就醉了；如果父母在家中接待贵客，我卷起袖子，陪侍于前，不时捧杯敬酒，恭敬陪侍，这样的话，不过两杯就醉了；如果朋友间一起游乐，由于很久没有见面，现在突然相逢，便互诉衷情，这样的话，大约饮五六杯才会醉；如果乡里相聚，男妇混杂在一起，细斟浅酌，一边饮酒，一边下棋、投壶，做各种游戏，随便与女郎握手也不受处罚，目不转睛地注视她也没有顾忌，前面掉有妇女的饰物，后面有姑娘遗落的发簪，我心中一高兴的话，便可饮八九杯；如果日暮酒残，将残席合并在一起，男女同席，促膝挨肩而坐，靴鞋交错，杯盘狼藉，一会儿堂上蜡烛尽熄，主人送走客人而独独把我留下，她敞开了罗袜的衣襟，我隐隐闻到一阵微香，当此之时，我心中最快乐，就能喝到一石。所以常言说'酒极则乱，乐极则悲'，一切的事情都是这样的。"

齐威王听了淳于髡这一番话语，明白了淳于髡是用幽默的隐语进行讽谏，从此不再做长夜之饮。

在一次新闻界的餐会上，美国总统艾森豪威尔应大家的要求站起来讲话。

他说："大家都知道，我不是善于言辞的人。小时候我曾经去拜访过一个农夫，我问这个农夫，'你的母牛是不是纯种的？'他说不知道。我又问，'这头牛每个星期可以挤出多少牛奶呢？'他也说不知道。最后，他被问烦了就说，'你问的我都不知道，反正这头牛很老实，只要有奶，它都会给你。'"

艾森豪威尔笑了笑，对所有在场的新闻界人士说："我也像那头牛一样老实，反正有新闻，一定都会给大家。"

说话兜圈子，绕道而行；用比喻、影射的方法举例说明；说故事，讲寓言，用幽默及双关语开开玩笑；采用游击战术，不正面冲突；拖延时间，爱理不理，静观其变……这些都叫迂回策略。

庄子非常善于运用类比来说道理。他的类比通俗易懂，且思想深刻，让人不得不折服。下面我们来看看庄子是怎样巧用类比来说理的。

高手示范一：视权贵如腐鼠

惠施在梁国当了宰相，庄子准备去会会他这位好朋友。有人急忙报告惠施，说："庄子来这里，是想要取代您的相位呀。"惠施很恐慌，便要阻止庄子，于是派人在国内搜了三天三夜。哪知道庄子从容而来拜见他说："南方有一种鸟，名字叫作凤凰，不知道您听说过吗？这只凤凰展翅而起后，从南海飞向北海，非梧桐不栖，非练实不食，非醴泉不饮。这时，有一只猫头鹰正在津津有味地吃着一只腐烂的老鼠，恰好凤凰从其头顶上飞过。猫头鹰急忙护住腐鼠，仰头视之道，'吓！'现在您也想用您的梁国来吓我吗？"

高手示范二：宁做自由之龟

一天，庄子正在涡水垂钓。楚王派了两位大夫前来聘请他。见面后他们对庄子说："我们大王久闻先生贤名，欲以国事相累。深望先生欣然出山，上以为君王分忧，下以为黎民谋福。"庄子持竿不顾，淡然说道："我听说楚国有一只神龟，被杀死时已经有三千岁。楚王把它珍藏在竹箱里，盖上了锦缎，供奉在庙堂之上。请问二位大夫，此龟是宁愿死后留骨而贵，还是宁愿生时在泥水中潜行曳尾呢？"二大夫道："自然是愿活着在泥水中曳尾而行啦。"庄子说："那么，二位大夫请回去吧！我也愿在泥水中曳尾而行。"

高手示范三：是贫穷不是潦倒

一天，庄子身着粗布补丁的衣服，脚穿草绳系住的破鞋，去拜访魏王。魏王见了他便问道："先生怎么会如此潦倒呢？"庄子说："是贫穷，不是潦倒。士有道德而不能体现，才是潦倒；衣破鞋烂，是贫穷，不是潦倒，此所谓生不逢时也！大王您难道没见过那腾跃的猿猴吗？如果在高大的楠木、樟树上，它们就会攀缘其枝而往来其上，逍遥自在，即使善射的后羿、逢蒙再世，也无可奈何。可要是在荆棘丛中，它们则只能危行侧视，怵惧而过了，这并非其筋骨变得僵硬不柔灵了，而是处势不便，未足以逞其能而已，现在我处在昏君乱相之间而欲不潦倒，怎么可能呢？"

用不经意的话暗示别人

在日常交际中，当需要批评或提醒他人而又不便直接向他提出时，便可考虑使用侧面暗示法，从而达到启示、提醒、劝阻、教育他人的目的。

会说话的人知道哪些话可以说，哪些话不可以说。他们懂得用委婉含蓄的话语，不经意地暗示别人，在坚持自己原则的同时又不会令对方太过难堪。

有一次，小王家里来了客人，聊了几个小时后，这位客人还无意离去。

小王因还有其他事情要做，屡次暗示客人，但是那位客人却"执迷不悟"。小王无奈之中生一计，对他说："我家的菊花开得正旺，我们到园子里去看看？"

客人欣然而起，于是小王陪他到花园里观赏菊花。看完后，小王趁机说："还去坐坐吗？"

客人看看天色，恍然大悟地说："不了，不了，我该回家了，要不就错过车了。"

小王没有直接说明自己有其他事情要做，而是用不经意的话暗示对方，不仅没有让对方感到尴尬，而且也达到了自己的目的。

一天，几位青年人去拜访某教授。不知不觉已谈到深夜，教授接着其中一位青年人的话题说："你提的这个问题很值得研究，明天我去 A 城参加一个学术会，准备就这个问题找几位专家一块儿聊聊。"听完教授的话，几位青年立刻起身告辞："很抱歉，不知道您明天还要出差，耽误您休息了。"

如果遇上了一位不知情的客人，你让他走也不是，不走也不是，这可是件很让人尴尬的事情。这时，你不妨采取一些巧妙的暗示。诸如看看钟表，或者随意地问他忙否，然后再告诉他你最近都很忙。一般来说，稍微敏感点的客人肯定就会起身告辞，但若是"执迷不悟"的客人于此"无动于衷"，我们就可以巧妙地转移一下地点，像小王那样用一下"调虎离山"之计，这样既维护了彼此的情感，又不至于拖延自己的事情，可谓两全其美。

在一家高级餐馆里，有一位顾客把餐巾系在脖子上，餐馆经理对此很反感。于是，他叫来了一个女服务员说："你要让这位绅士懂得，在我们的餐馆里，那样做是不允许的，但话要说得尽量委婉些。"女服务员来到那位顾客的桌旁，很有礼貌地问："先生，您是刮胡子，还是理发？"话音一落，顾客立即意识到自己的失礼，赶快取下了餐巾。

这位聪明的女服务员没有直接指出客人有失体统之处，却拐弯抹角地问两件与餐馆毫不相干的事——刮胡子和理发，表面上看来似乎是女服务员问错了，实际上她通过这种风马牛不相及的事情来提醒这位顾客，不仅使顾客意识到自己失礼之处，又做到了礼貌待客，不伤害顾客的面子。

防止弦外之音伤人

弦外之音有时可以在不经意间起到暗示别人的作用，但有时也会在不经意间伤害别人。

我们夸奖别人说话含义丰富、深刻，常常用"言外之意""弦外之音"之语。

一般地说，我们说话要求简单明了，不要烦琐含糊。同时，还应该知道，有时候把话说得太直白会伤人，不如在话语中隐藏弦外之音。然而，有些人并不懂得如何运用弦外之音，从而在不经意间伤了他人。

一群人在看电视剧，剧中有婆媳争吵的镜头。张大嫂便随口议论道："我看，现在的儿媳真是不知好歹，不愿意和老人住在一起，也不想想以后自己老了怎么办？"话未说完，旁边的小齐马上站了起来，怒声说："你说话干净点儿，不要找不自在，我最讨厌别人指桑骂槐！"

原来，小齐平素与婆婆关系失和，最近刚从家里搬出来自己住。张大嫂由于不了解情况，无意中揭了对方的短而得罪了小齐。

聪明的人善于把批评的意思压缩在一句貌似赞扬的话里，让人在体味言外之意的同时，意识到自己的错误。

某厂有一栋宿舍，一楼住着老工人，二楼住着年轻工人。一天夜晚，一些年轻工人喝酒猜拳，大吵大闹，到了凌晨 1 点还不罢休，影响了楼下老工人的休息。

一位老工人气愤地走上楼去，大声斥责说："安静！"

可这些年轻人连理也不理，吵闹得更凶了。

过了一会儿，另一位老工人也走了上去，笑着对他们说："小伙子们，你们辛苦了，该休息了。"

听了这位老工人的话，这伙年轻人很快静了下来。

这两句话表达的意思是一样的，但表现形式不一样导致结果迥然不同。我们分析一下，第一位老工人的话语直接，火药味十足，它让听者产生了逆反心理，所以，年轻人闹腾得更欢了。

第二位老工人则不同，他的话语中隐含着对这些年轻人"闹得太久，影响了他人休息"的批评，但话说得委婉含蓄。这些年轻人因第一位老工人的话而激起的反抗心理此时被击溃了，心悦诚服地改正了自己的过失。

不管什么人，都不喜欢别人说自己的坏话。因此，当他听到对方说自己坏话时，就会不高兴、生气，甚至想找机会报复。

因此，有些想说人家坏话的人，就选择了弦外之音。

说话的目的在于交流思想和感情，但万不能用弦外之音去伤害别人。有些人说话含蓄，爱卖弄，如果对方听懂了倒没关系，若是没听懂甚至听错了，不但达不到交流的目的，反而可能引起误会。

难说的话要说得隐晦些

直言直语固然好，但说话还是要隐晦一些。什么话该摊开来说，什么话该隐晦地说，我们要做到心中有数。

在表达一些意愿和请求时，如果能够合理地把握说话时的分寸，暗藏在话语背后的真意一样可以传达给对方。

1. 以退为进，让人主动接受

暑假时，某高校决定组织青年志愿者到孤儿院献爱心。

班主任向所有志愿者提出一项要求："希望每位成员能带一名孤儿到自己家中共同过暑假，让他们感受家庭的温暖。"把好不容易盼来的假期全部花在照料孤儿上，这的确有些勉为其难，当时，这个提议就遭到了大家无声的拒绝。

短暂的冷场后，班主任微微一笑，说："我知道这样可能使大家为难了。这样吧，我尊重大家的选择，把原计划改为每周抽出一天时间陪孩子一起逛逛公园、做做游戏，这样总可以了吧？"这一提议获得了大家的一致通过。

其实，这只不过是班主任的一个策略而已。他的真实用意实际上就是希望志愿者每周能抽出一天时间陪陪孤儿，不过他明白，在暑假里即使这样一个请求，实践起来也是有一定难度的。于是在提出这样一个请求前，他干脆提出了一个更大的请求——让他们整个暑假照料孤儿，这一请求不出所料地遭到大家的拒绝。只不过，在已经拒绝一次的情况下，再提出一个请求，大家也就不好意思再拒绝了。而且两次请求相权衡，大家自然会选择后者。

2. 满足需要，让人自动回避

19 世纪，在维也纳上层社会的妇女中，时兴一种高筒、宽檐的帽子，帽檐上装饰着五颜六色的羽翎。当这些女士进入剧场时，坐在她们后面的观众就只能看到她们的帽子而看不见舞台，于是不少观众向剧场经理提出抗议。

剧场经理起初只是一味地请求女士们脱帽，但女士们谁也不理睬。后来，经理眉头一皱，计上心来，对女士们说："本剧场照顾年老的女士，只有她们可以不脱帽。"此言一出，剧场中所有的女士都摘下了帽子。

上面这个故事中，剧场经理抓住女士们都希望自己年轻貌美的心理需求而说出的话，让女士们乖乖地摘下帽子。因为剧场经理激起了她们坚信自己年轻的心理需求。

以退为进，满足需求，都是为了使隐晦的语言能够更好地发挥效用，因此，我们在说话时完全可以借助上面的表达方式，该明说的话要明说，不适宜明说的话要用隐晦的方式说出来。

善用闲谈，化解尴尬境地

生活中难免会碰上尴尬的事情。这个时候，我们完全可以随机应变，巧妙地说一下闲话，使气氛得到缓和。

面对尴尬的窘境，如果置之不理，会有损自己的尊严；如果斤斤计较，又会有损自己的风度；如果无所适从，会有损自己的形象；如果处理不当，又会激化矛盾。可是，若你懂得用巧言妙语回答，不但能够很好地化解尴尬，而且会使气氛变得温馨。那么，化解尴尬的方法都有哪些呢？

1. 自嘲式化解

自嘲，顾名思义，就是自我解嘲，调侃自己。自嘲是一种幽默、一种智慧。处理好复杂的人际关系可不是件容易的事，一旦陷入尴尬境地，不妨自我解嘲一下，既给自己找个台阶下，又能巧妙地缓和气氛。

某著名诗人应邀到某大学中文系作家班做学术讲座。诗人讲到自己的诗作时，准备朗诵一段，可诗稿却放在一个学员的课桌上，诗人便走下讲台去拿。但诗人在上台阶时，一不留神跌倒在第二级台阶上，学员们顿时哄堂大笑。诗人稳住身子，转向学员，指着台阶说："你们看，要升一个台阶多么不易，生活是这样，作诗亦如此。"这一哲理性的话语顿时赢得了热烈的掌声。诗人笑了笑，接着说："一次不成功不要紧，再努力！"说着，装着用力的样子走上讲台，继续他的讲座。

2. 反话式化解

林肯是一个富有幽默感的总统。有一次，林肯自己在擦皮靴，某外交官问道："总统先生，您总是擦自己的靴子吗？"林肯不动声色地回答说："是啊，那你是经常擦谁的靴子呢？"

林肯的高明在于他巧妙地绕开对方所提出的一个判断性问题，进而找出破绽，给对方回敬了一句特指性的反话。

3. 自圆式化解

一位主持人在主持一次知识问答类节目时，问道："阿拉伯的公园里常常有武士模样的人摇着铃铛走东串西，请问这人是干什么的？"

参赛者的回答各种各样，可结果都是错的。最后主持人告诉大家谜底："是卖茶水的人。"此时主持人见参赛者情绪有些低落，赶快补上一句："看来这地方的水真是太宝贵了，卖茶水的人也穿戴得这么漂亮，把我们都迷惑了。"

这句话看起来很平常，可句中的"我们"拉近了双方的距离，化解了参赛者由于回答错误可能带来的尴尬。

面对尴尬时，如果我们能够巧妙地说一些闲话，不仅可以化解尴尬的境地，还可以转移对方的注意力。因此，面对尴尬的局面时，幽默地说一些闲话是非常必要的。

淡化感情色彩，间接地表达你的不满

旁敲侧击，即比喻说话、写文章不从正面直接点明，而是从侧面曲折地表明观点或加以讽刺、抨击。

公众活动中，可能经常遇到让人尴尬而不满的情景。在这种情景下是不该强硬地表达不满的，而应该淡化感情色彩。

著名科学家爱因斯坦风趣幽默。有一次，由他证婚的一对年轻夫妇带着小儿子来看他。孩子刚看了爱因斯坦一眼就号啕大哭起来，弄得这对夫妇很尴尬，爱因斯坦脸上也有些挂不住，但幽默的爱因斯坦却摸着孩子的头高兴地说："你是第一个肯当面说出对我的印象的人。"这句妙答给了这对夫妇一个情面，活跃了气氛，融洽了关系，当然也含蓄地表达了爱因斯坦的不满。

在这里，爱因斯坦向我们显示了他在交际中的机智。面对孩子的大哭给自己和年轻夫妇带来的尴尬，他干脆采用了自嘲的方式，来帮助对方化解尴尬。然后放低姿态，凭借"慈祥"的语气表示自己对此态度的认同，淡化了感情色彩。

英国前首相丘吉尔在他执政的最后一年，出席一个政府举办的仪式，在他身后不远的地方有几个绅士窃窃私语："你看，那不是丘吉尔吗？""人家说他现在已经开始老朽了。""还有人说他就要下台了，要把他的位子让给精力更充沛更有能力

非暴力沟通心理学
——用非暴力沟通化解冲突

的人了。"当这个仪式结束的时候，丘吉尔转过头来，对这几个绅士煞有介事地说："唉！先生们，我还听说他的耳朵近来也不好用了。"

丘吉尔知道，自尊自爱就要以适当的方式来表达自己的思想感情，他在这里的幽默一语，既淡化了感情色彩，给自己解了围，表达了不满，又使那些绅士自讨没趣。

美国前总统威尔逊在一次竞选演讲中，遭到一个捣乱分子的挑衅。演讲正在进行，捣乱分子突然高声喊叫："狗屁！垃圾！臭大粪！"这个人的意思很明显，是骂威尔逊的演讲臭不可闻，不值得一听。威尔逊对此感到非常生气，但只是报以微微一笑，安慰他说："这位先生，我马上就要谈到你提出的环境脏乱差的问题了。"随之，听众中爆发出掌声、笑声，为威尔逊的机智幽默喝彩。

社交场合碰到别人的不恭言行，还真不能发作，但憋在心里也不好受。一位名人曾说过："告诉他你不高兴，但在话中别出现'不高兴'这个词。"把表示不满的语言的感情色彩淡化一下，让对方知道你不高兴，又不致破坏友好气氛，是个不错的方式。

侧击迂回，举重若轻显真功夫

迂回就是一种拖延战术，目的是要争取更多的时间促进沟通的进行。如果沟通不畅，可以考虑用迂回的方式寻求外界支援或是跳离原来的沟通模式，以特殊方法突破沟通障碍，让沟通顺畅。

说话兜圈子虽然给人啰唆的感觉，但是它能更好地突破沟通障碍，让沟通顺畅。

一次，德皇威廉二世派人将一艘军舰的设计图交给一个造船界的权威人士，请他评估一下。他在所附的信件上告诉对方，这是他花了许多年，耗费了许多精力才研究出来的成果，希望对方能仔细鉴定一下。

几个星期之后，威廉二世接到了权威人士的报告。这份报告附有一叠以数字推论出来的详细分析，文字报告是这么写的：

"陛下，非常高兴能见到一幅绝妙的军舰设计图，能为它做评估是在下莫大的荣幸。可以看得出来这艘军舰威武壮观、性能超强，可说是全世界绝无仅有的海上雄狮。它的武器配备可说是举世无双，舰内设施豪华。这艘举世无双的超级军舰只有一个缺点，那就是如果一下水，马上就会像只铅铸的鸭子沉入水底。"

威廉二世看到了这个报告，不但没为设计失败而气恼，反而禁不住笑了起来。

非暴力沟通心理学
——用非暴力沟通化解冲突

说话高手并不是指那些会说好听的话、使用华丽辞藻的人，而是善于运用迂回婉转说话技巧之人。

说得巧，逐客令也能变得美妙动听

古人云："有朋自远方来，不亦乐乎？"友人来访，彼此促膝长谈，交流思想，应该是令人十分愉快的事。

但现实生活中也有与此截然相反的情况。茶余饭后，你刚想静下心来读点书或者做点事，不料不请自来的长舌客扰得你心烦意乱。他东家长西家短，没完没了，一再重复着你毫无兴趣的话题，而且越说越来劲。你勉强敷衍，心不在焉，焦急万分，想对他下逐客令，但又怕伤感情，难以启齿。那么，该怎样对付长舌客呢？最好的对付办法是运用高超的语言技巧把逐客令说得美妙动听，这样你就能做到两全其美：既不挫伤其自尊心，又能使其知趣地告别。

下逐客令时，主人必须掌握两条原则。

有情。长舌客一般是邻居、亲戚、同学、同事，主客之间相当熟悉，切忌用冷冰冰的表情和尖刻刺耳的语言刺伤对方，一定要使对方感觉到主人对他还是很有情谊的。有情，才能使逐客令真正变得美妙动听。

有效。要使长舌客听了你得体的话语后明显减少来你家的次数，缩短闲扯的时间，这样，主人的语言技巧便真正起到了逐客的作用。

委婉表达可以使语意软化

生活中总存在一些不允许直说的话题，此时我们就需要把词锋隐遁，或把棱角磨圆一些，使语意软化，便于听者接受。

委婉是一种修辞手法，是指在讲话时不直陈本意，而用婉转之词加以烘托或暗示，让人思而得之，而且越揣摩，含义越深远，因而也就越具有吸引力和感染力。委婉含蓄是说话的艺术，它体现了说话者驾驭语言的技巧。生活中有许多事情是"只可意会，不可言传"的，如果说话者不考虑当时的情境，不顾及别人的感受，把想说的话直接地表达出来，不仅起不到应有的作用，还会引起对方的不悦，破坏相互之间的和谐关系。而委婉地表达自己的意思，即使是批评，别人也会很容易接受。

汉武帝晚年时很希望自己长生不老，一天，他对侍臣说："相书上说，一个人鼻子下面的人中越长，命就越长；人中长一寸，能活百岁，不知是真是假？"侍臣东方朔听了这话后，知道皇上又在做长生不老梦了，不觉哈哈大笑。皇上见东方朔似有讥讽之意，面露不悦之色，喝道："你怎么敢笑话我！"东方朔脱下帽子，恭恭敬敬地回答："我怎么敢笑话皇上呢，我是在笑彭祖的脸太难看了。"汉武帝问:"你为什么笑彭祖呢?"东方朔说:"据说彭祖活了 800 岁,如要真像皇上刚才说的,他的人中就有八寸长,那么,他的脸不是有丈把长吗?"汉武帝听了,也哈哈大笑。这种委婉含蓄的批评,汉武帝愉快地接受了。

现代文学大师钱锺书先生,是个自甘寂寞的人。居家耕读,闭门谢客,最怕被人宣传,尤其不愿在报刊、电视中扬名露面。他的《围城》再版以后,又拍成了电视剧,在国内外引起轰动。不少新闻机构的记者,都想约见采访他,均被钱老执意谢绝了。一天,一位英国女士,好不容易打通了他家的电话,恳请让她登门拜见钱老。钱老一再婉言谢绝都没有效果,他就对英国女士说:"假如你看了《围城》,像吃了一只鸡蛋,觉得不错,何必要认识那个下蛋的母鸡呢?"那位女士终于被说服了。

从上面的事例我们可以看出,委婉含蓄主要具有以下三个方面的作用:

第一,人们表露某种心事,提出某种要求时,常有种羞怯、为难心理,而委婉含蓄的表达则能淡化这种羞怯。

第二,每个人都有自尊心。在人际交往中,对对方自尊心的维护或伤害,常常是影响人际关系好坏的直接原因;而有些表达,如拒绝对方的要求,表达不同于对方的意见,批评对方等,又极容易伤害对方的自尊。这时,委婉含蓄的表达常能达到既能完成表达任务,又不伤害对方自尊的目的。

第三,有时在某种情境中,例如,碍于第三者在场,有些话就不便说，这时就可用委婉含蓄的表达。

但是，使用这种表达方式时也要注意，委婉含蓄不等于晦涩难懂，它的表述技巧首先是建立在共同语境中对方能够明白的前提下，否则你的表达是没有意义的。另外，委婉含蓄并不适合任何场合，需要直白的时候就不要委婉含蓄，否则反而会引起别人的反感。

第四章

全身心地倾听他人：
被人倾听和理解的感觉，真好

倾听也是一种"爱的语言"

倾听是了解对方需要，发现事实真相的最简捷的途径。

注意倾听是给人留下良好印象、改善双方关系的有效方式之一。因为专注地倾听别人讲话，则表示倾听者对讲话人的看法很重视，能使对方对你产生信赖和好感，使讲话者形成愉快、宽容的心理，变得不那么固执己见，更有利于达成一个双方都妥协的协议。

然而，倾听的作用不仅于此。

谈判是双方沟通和交流的活动，掌握信息是十分重要的。一方不仅要了解对方的意图，还要掌握不断出现的新情况、新问题。因此，谈判的双方应十分注意收集整理对方的情况，力争了解和掌握更多的信息，但是没有什么方式能比倾听更直接、更简便地了解对方的信息了。

倾听能使你更真实地了解对方的立场、观点、态度，了解对方的沟通方式、内部关系，甚至是小组内成员的意见分歧，从而使你掌握谈判的主动权。例如，一家日本公司同美国公司谈判，就是运用倾听的方法获得了成功。

日本一家公司向美国某公司购买技术设备，方案确定后，他们先派了一个谈判小组到美国去。谈判小组成员只是提问题，边听边做记录，然后还是提问题。美国人对此项交易很有信心，也做了认真的准备，用三台放映机展示各种图片，整个谈判一直是美国人滔滔不绝地介绍。日本人在第一个谈判小组回国后，又派出了第二个谈判小组，又是提问题，做记录，美国代表照讲不误。然后日本人又派了第三个谈判小组，还是故技重演，美国人已讲得不耐烦了，但也搞不清日本人耍什么花招。等到美国人几乎对达成协议不抱什么希望时，日本人又派出了前几个小组联合组成的代表团来同美国人谈判，弄得美国人不知所措。因为他们完全不了解日本人的企图、打算，而他们自己的底细则全盘交给了日本人。当然，结果是日本人大获全胜，以最有利的交易条件争取到了最大的利益。可见，会利用倾听也是一种非常有用的谈判战术。

　　这个案例说明，在谈判中采用多听少说的策略，对于洞悉对手实力，有的放矢地制订扬己之长、攻敌之短的决策具有重大的作用。如维克多·金姆在《大胆下注》中所说："你应该少说为妙。我确信如果你说得愈少，而对方说得愈多，那么你在谈判中就愈容易成功。"

　　这样，对方由于暴露过多，回旋余地就小；而你很少曝光，可塑性很大。两者的处境，犹如一个站在灯光下，一个躲在暗处。他看你一团模糊，你看他一清二楚。这样你就掌握了谈判的主动权。

不可否认，讲话者也有可能借机向你传递错误信息或不向你传递你想要的信息，因此听也要讲究一定的技巧。

在谈判桌上，提高倾听的技巧，有下面一些方法可供参考：

1. 争取让对方主动开口说话，在对方摸不清你的意图的前提下，弄清对方的谈判要求和目的。

2. 谨记简单原则。简要说明讨论要点，尽量把自己的讲话缩减到最低程度，因为你在讲话时，便不能聆听对方的发言。可惜许多人都忽略了这点。

3. 试着了解你的对手，试着由他的观点出发看问题。这是提高聆听技巧的最重要方法之一。

4. 始终注意听。在任何时候都保持注意力可不是件容易的事，特别是当谈判会议拖得很长时。但是，如果你总是走神，那么有很多重要的问题就可能被漏听了。

5. 试将你的注意力集中在对方发言的"主旋律"上，而不让个别的字句难住或分散注意力。

6. 记笔记是帮助你集中注意力的手段之一。人的记忆能力有限，为了弥补这个不足，应该在听讲时做笔记。一方面，有了笔记，不仅可以帮助记忆，而且有助于在对方发言完毕之后，就某些问题向对方提出质询；同时，自己也有时间做充分的分析，理解对方讲话的确切含义与精神。另一方面，倾听时记笔记，或者停笔抬头来看看讲话的对方，会对讲话者产生一种鼓励作用。

7. 表现出有兴趣的态度。让对手相信你在注意聆听的最好方式，是适当地发问，要求他解释正在阐述的一些论点。

8. 观察对方。他如果表现出紧张和不安，这很可能是他对他所说的没有什么把握的信号。

9. 有鉴别地倾听。为了达到良好的倾听效果，在专心致志的基础上，还应有鉴别地听。通常情况下，人们说话时边说边想，想到哪说到哪，有时表示一个意思要绕着弯子讲许多内容。从表面上听，根本谈不上重点突出。因此，听话者需要在用心听的基础上，鉴别传递过来的语言信息，去伪存真，去粗取精。这样，才能够知道对方的意思，找出其漏洞进行说服。

另外，"听"有一个重要原则就是切勿按照自己的主观框框来听。按照自己的主观框框来听即先入为主地倾听，这样做往往会扭曲说话者的本意，忽视或拒绝与自己心愿不符的意见，这种做法实为不利。因为这样，听话者不是从谈话者的立场出发来分析对方的讲话，而是按照自己的主观框框来听取对方的谈话。其结果往往是听到的信息变形地反映到自己的脑中，导致所接收的信息不准确，从而判断失误，造成行为选择上的失误。所以必须克服先入为主的倾听做法，将讲话者的意思听全、听透。

10. 善于听对方的讲话，可以使你拥有对方的一些谈判资料，进而找到突破口，有理有据地进行说服。

11. 少说多听，是一种要紧的谈判策略。工于心计的谈判高手，往往用不到两分钟的时间介绍自己，而留下 20 分钟让对方发言。

12. 谈判中最要紧的是注意相互间的反应。然而，要做到这一点却又不如想象中那么容易。因为人类具有一种"关闭"听觉的本能——尤其是假若他们听到不愿听到的话。

对于谈判人员来说，注意听别人讲，哪怕是听到不爱听的话也得注意听，这并不仅仅是社交修养问题。因为当你讨价还价时，你所听到的话里，很少有只是为了应酬的空谈。

在谈判中，不仅要能听出对方在说些什么，还要能知道对方遗漏掉了什么。这样，对谈判会大有裨益。

放手让对方讲，你只是耐心地倾听，你就会有机会捕捉到许多有用的信息，甚至发现对方立场中的前后矛盾之处。这还可以使你找到对方是否确有真情实意的线索，分清对方言辞中的真假虚实。

把说话的权利留给别人

我们也许有过这样的经历：和别人聊起一个自己很感兴趣的话题时，对方开始打开话匣子，没完没了地说，一开始，自己还觉得很投机，后来就开始不耐烦，接着是厌烦。原因是什么？很简单，对方只顾自己说，而忽略了你。谁都不乐意一味地听别人说话，所以，与人交谈时，即使是一个很好的话题，对方很感兴趣，说话时也要适可而止，不可无休无止，说个没完，否则会令人厌倦。

说一个话题之后，应当停一下，让别人发言，若对方没有说话的意思，而整个局面由于你的发言而使人心向你，这个时候仍必须由你来支撑局面，那么，就必须要另找话题，如此才能引起大家的兴趣并维持生动活泼的气氛。

在谈话当中，对方的发言机会虽为你所操纵着，但是，在说话过程中，应容许别人说话，给别人说话的机会。更好的方法是找机会诱导别人说话，这样气氛更浓，大家的兴致更高，朋友之间也更融洽。当说到某一节时可征求别人对该问题的看法，或在某种情形时请他试述自己的见解，总之，务必使对方不致呆听着，才不失为一个善于说话的人，不失为一个明智的人。如果话题转了两三次，而别人仍无将说话机会接过去的意思，或没有主动发言的能力，应该设法在适当的时候把谈话结束。即使你精神好，也应该让别人休息。自己包办了大半发言的机会，是不得已时才偶一为之的方法。千万不要以为别人爱听你说话，就不管别人的兴趣而随便说下去，这背离了说话的艺术之道。

在社交中，最好的谈话，是有别人的话在里面。那种看起来不爱说也不爱听的人，常常坐在一个角落里，当他偶然听见另外一些人哄然大笑时，也照例跟着一笑，但是，这种笑显然是敷衍的，因为那种笑容随即就收敛了，他的眼光已经移到窗外或者其他的目标上，这种人不会单独来看你。你要明白，这类人或因年纪小，或因学问较高、兴趣不同，而时下在座的其他人比较市井气一点儿，谈天说地，主题无非是饮食男女、金钱利益，或出语粗俗，言不及义，使较有修养的人望而却步，所以，他才独自躲在一角。只要你知其症结所在，你便可以在几句谈话中探得他的学问兴趣，然后和他谈论下去，这样便很自然引起谈话内容。只要你恰当地提一些问题，就可以保持一个增长你学识的机会。他见你谈吐不俗，在这举世混浊中，一定会引你为知己，如此一来，僵局就打开了。年纪较大或较小的一类，因年龄差距大，社会经历、生活经验不同，因而兴趣不同，趣味也无法相投。所以可以采用上述方法来打开话题。

倾听是对别人的最好恭维

美国的汽车推销大王乔·吉拉德在其推销生涯中，卖出了10 000多辆汽车，其中有一年卖出汽车1425辆，这一纪录被载入《吉尼斯世界纪录大全》中。在他的工作过程中，有过这样一次经历。

一天下午，一位先生来向他买车，吉拉德展开如簧之舌向他介绍，眼看那位先生就要签单了，结果却放弃了购买，走了出去。

到了深夜11点钟，吉拉德仍在沉思为何失败，不知道错在哪里。平时这时候，他是在回味这一天的成功呢！

吉拉德再也忍不住了，拿起电话打了过去，问那位先生为什么不买他的车。

"现在是晚上 11 点钟。"对方不耐烦地说。

"我知道,很抱歉。但是我要做个比别人更好的推销员,你愿意告诉我究竟我哪儿错了吗?"

"真的?"

"绝对!"

"好,你在听吗?"

"非常专心!"

"但是今天下午你并不专心听话。"那位先生告诉吉拉德,他本来下定决心买车,可是在签字前最后一分钟犹豫了。因为当他提到自己的儿子杰克要进密执安州大学,准备当医生,杰克很有运动能力等时,吉拉德满不在乎,一点儿兴趣也没有。当时吉拉德一边准备收钱,一边听办公室门外另一位推销员讲笑话。

倾听不仅是一种对别人的礼貌与尊重,也是对讲话者的高度赞美与恭维。而上述例子中,吉拉德没有积极倾听对方的话,以至于对方在最后一分钟犹豫了,就是因为他忽略了这点。

每个人都希望获得别人的尊重,受到别人的重视。当我们专心致志地听对方讲,努力地听,甚至是全神贯注地听时,对方一定会有一种被尊重和重视的感觉,双方之间的距离必然会拉近。

经朋友介绍,重型汽车推销员乔治去拜访一位曾经买过他们公司汽车的商人。见面时,乔治照例先递上自己的名片:"您好,我是重型汽车公司的推销员,我叫……"

才说了没有几个字,该顾客就以十分严厉的口气打断了乔治的话，并开始抱怨当初买车时的种种不快，例如服务态度不好、报价不实、内装及配备不对、交接车的时间等待得过久……

顾客在喋喋不休地数落着乔治的公司及当初提供汽车的推销员，乔治只好静静地站在一旁，认真地听着，一句话也不敢说。

终于，那位顾客把以前所有的怨气都一股脑地吐光了。当他稍微喘息了一下时，方才发现，眼前的这个推销员好像很陌生。于是，他便有点不好意思地对乔治说："小伙子，你贵姓呀，现在有没有一些好一点儿的车种，拿一份目录来给我看看，给我介绍介绍吧。"

当乔治离开时，已经兴奋得几乎想跳起来，因为他的手上拿着两台重型汽车的订单。

从乔治拿出产品目录到那位顾客决定购买，整个过程中，乔治说的话加起来都不超过 10 句。重型汽车交易拍板的关键，由那位顾客道出来了，他说："我是看到你非常实在，有诚意又很尊重我，所以我才向你买车的。"

玫琳凯·艾施在《玫琳凯谈人的管理》一书中，曾对倾听的影响做了如此的说明："我认为不能听取别人的意见，是自己最大的疏忽。"

玫琳凯经营的企业能够迅速发展成为拥有数十万名美容顾问的化妆品公司，其成功秘诀之一是她相当重视每个人的价值，而且很清楚地了解员工真正需要的除了金钱、地位外，还有一位真正能倾听他们意见的知心人。因此，她严格要求自己，并且使所有的下属铭记这条金科玉律：倾听，是最优先的事，绝对不可轻视倾听的能力。现在，你应该了解到，倾听技巧的好坏，足以影响一家公司变得平凡或伟大的道理何在了吧！

有许多顶尖的行销人员，他们几乎不是滔滔不绝、舌灿莲花的人，说服能力也好不到什么程度，然而，他们的业绩却高出同事10倍、20倍之多。你可知道，为什么有这么大的差别吗？原因主要在于能否认真倾听别人说话。

到什么山听什么歌

作为一个聆听者，除了能对他人有个了解，增长见识之外，事实上还应对别人的说话艺术及风格有所关注。吸取积极经验，总结错误教训，以使自己日后在说话时不至于犯同样的错误。总而言之，聆听者可以在倾听中获得说话的经验。

作为聆听者，一定能注意到，人们平常说话都是在一定的社会环境中进行的，特定的环境、特定的氛围，对说话者的情绪、表达的内容产生直接的影响。说话的特定效果，也是在特定的场合中获得的。因此在和别人说话时就要了解以下几点。

1. 社会环境

社会环境是一个大的宏观背景，包括时代、社会、民族、地域、文化等。时代是最重要的，不同的时代，有着不同的政治、文化、经济生活内容，人们所说的话必然都打着时代的烙印，即使讲古代的内容也要讲出时代的特征。说话要合时宜，首要是指符合时代的大背景。如我们今天在发展社会主义市场经济，这是时代的趋向，而你在讲话时还左一句计划经济，右一句计划经济，这显然是不合潮流的。再如，我们强调的是说普通话，而说话者还在满口之乎者也，这就显然不合适宜。

不同的民族、不同的国家或不同的地域有着不同的风俗习惯，说话人要注意不要闯"红灯"。比如郭亮和田兵同在一个科室工作，郭亮是西北人，而田兵是北京人。一次两人在业余时间闲聊，谈得正起劲，郭亮看见田兵的头发有点长了，就随口说："你头上毛长了，该理一理了。"不料田兵听了勃然大怒："你的毛才长了呢！"结果两人不欢而散。无疑，问题就出在小李的一个"毛"字上。郭亮那个地方的人都管头发叫作"头毛"，郭亮刚来北京时间不长，言语之中还带着方言，因此不自觉地说了出来。而北京却把"毛"看作是一种侮辱性的骂人的话，什么"杂毛""黄毛"之类，无怪乎田兵要勃然大怒了。

还有许多其他的语言习惯，如北方称老年男子为老先生，但上海、嘉定人听来，就会当是侮辱他；安徽人称朋友的母亲为老太婆，是尊敬她，而在浙江，称朋友的母亲为老太婆简直就是骂人了。各地的风俗不同，说话上的忌讳也不相同，在说话时，一定要注意这个大的社会背景，不然，一旦说出口就会伤害别人。这在社交场合非常重要。

2. 说话的场合

这一点尤其重要，因为场合对说话的影响比其他因素对说话的影响更为具体直接。场合多种多样，从性质方面看，场合有正式与非正式之分。正式场合指从事公务活动的场所，如报告厅、会场、办公室等，非正式场合指日常交往的场所，如家庭、商店、街头、电影院等。一般说来，正式场合社会制约性较强，人员众多、庄重典雅，说话时要注意做到准确规范；而非正式场合比较宽松、随便，说话也不必一本正经，应以平易、通俗、幽默为宜。

从氛围方面看，场合有悲痛和喜庆之分。在喜庆的场合应讲一些轻松、明快、诙谐、幽默的话语；在悲痛的场合应讲一些与场合的氛围相融洽的话语。这是起码的要求。如果不注意，就会引起别人的反感。

从对象的数量看，场合有大小之分。有的场合人数较少，甚至只有一个对象，这种场合说话一般较为自由；有的场合人数较多，说话时要考虑到大多数。

3. 关系环境的影响

所谓关系环境是指因亲疏远近而形成的环境。人与人之间的关系含义很多，至少包括血缘关系、工作关系、临时关系等。关系深浅不同，说话也应深浅不同。倘若与对方不是相知很深，只是临时关系，你也畅所欲言，无所顾忌，则显得你没有修养；你与他不是诤友，却见面劝其这样那样，这就显得你冒昧。因此，对关系不深的人，大可聊聊闲天，海阔天空吹一吹，对于个人的私事还是不谈为好。但这并不是说对任何事都遮遮盖盖，见面绝不超过三句话。如果是关系不一般，则可以不断地交流思想，促膝谈心，如果对方遇到困难，可帮助对方出出主意，排忧解难。

总之，说话环境是十分重要的。凡是成功的说话都是主动适应环境的结果。说话要做到说话内容与说话环境的统一，说话形式与说话环境的统一，说话者的外部形象与说话环境的统一。

聆听者听后要有所获益，不能白听一场。有道是，人不可以犯相同的错误，既然别人已经提供了失败的教训，那么聆听者就当吸取前车之鉴，也不枉一听。

做个倾听高手

在日常生活中，能聆听别人意见的人，必是一个富于思想、有缜密的思维和谦虚性格的人。这种人在人群中，起初也许不太引人注意，但最后必是最受人敬重的。因为他虚心，所以受所有人欢迎；因为他善于思考，所以便为众人所敬仰。

怎么去做一位"听话"的高手呢？

首先是要专注。别人和你谈话的时候，你的眼睛要注视着他，无论他的地位和身份比你高或是低，你都必须这样做。只有虚浮、缺乏勇气或态度傲慢的人才不去正视别人。

其次，别人和你说话时，不可做一些与此无关的事情，这是不恭敬的表示，而且当他偶然问你一些问题，你就会因为不留心听他所说的话而无从回答了。

聆听别人的话时，偶尔插上一两句赞同的话是很好的，不完全明白时加上一个问题也是非常必要的，因为这正表示你对他的话留心了。

但是，你不可以把发言的机会抢过来，滔滔不绝地说自己的，除非对方的话已告一段落，该轮到你说话时才可以这样做。

无论他人说什么，你不可随便纠正他的错误，如果因此而引起对方的反感，那你就不可能成为一个良好的听众了。批评或提出不同意见，也要讲究时机和态度，否则，好事会变成坏事。

有些人常喜欢把一件已经对你说过好几次的事情重复地说，也有些人会把一个说了好多次的笑话还当新鲜的东西。

你作为一位听众，此时要练习一次忍耐的美德了。你不能对他说"这话你已经说过多次了"，这样会伤害他的自尊心，你唯一能做的事是耐心地听下去，你心里明白他是一个记忆力不好的人。你应该同情他，而且他对你说话时充满了好感和诚意，你应该同样用诚意来接受他的诚意。

但如果说话的人滔滔不绝而你又毫无兴趣，觉得花时间和精力去应酬他是十分不值得的，这时，你应该用更好的方法，使他停止这乏味的话，但千万要注意，不可伤害他的自尊心。

最好的方法是巧妙地引他谈第二个话题，尤其是一些他内行而你又感兴趣的话题。

为了让自己更会"听话"，最好还要做好以下五个方面的训练：

1. 训练"听话"时的注意力。想听得准确，必须排除干扰。可以用这样的方法来训练：同时打开两台以上的收音机，播放不同内容，然后复述各个收音机播放的内容。

2. 训练"听话"时的理解力。可用这样的方法：找朋友闲聊，但要有意识地锻炼自己的理解力。

3. 训练"听话"时的记忆力。就是学会边听边归纳内容要点，记住关键性词语，以及重要的事实和数据。

4. 训练"听话"时的辨析力。迅速分辨出争论各方的不同观点和逻辑关系，并加以评析。

5. 训练"听话"时的灵敏力，即能很好地在各种场合与各种对象交谈。经过足够的训练，再经过实际锻炼，你一定会成为一名"听话"高手。

第五章

有效管理愤怒：
有话好好说，生气解决不了问题

愤怒不能随心所欲

梁实秋说过："血气沸腾之际，理智不太清醒，言行容易逾分，于人于己都不宜。"富兰克林也曾说过："以愤怒开始，以羞愧告终。"这就告诉我们要把握愤怒的度，愤怒要有底线，不可无顾忌地发怒，否则于人于己都不利。

我们都知道，往往是由于自己受到比较大的伤害，或者原本希望用理性的方式表达愿望，但在失望之后，才不得已采取了愤怒的方式。当然，社会允许你在一定范围内发泄情绪，也就是说愤怒是有底线的，因为极端的愤怒不是伤人就是伤己，有时还会造成两败俱伤的局面。它还会干扰人际关系，影响个人的思维判断，造成不可控制的后果。因而，正确理解愤怒的限度，才有可能把愤怒的苗头消灭在萌芽状态，特别是在愤怒发生时，正确地引导从而消解愤怒，解决矛盾，才是最重要的。

伊凡四世是 16 世纪中叶强有力的俄罗斯君主，因为其残酷的执政手段，他被后人称为"恐怖的伊凡"，他同样也将这种恐怖的手段施于平民。

在他用军队征服了诺夫格罗德市之后，诺夫格罗德的居民因留恋自己独立开放的文明，他们仍习惯性地与立陶宛人、瑞典人进行贸易。尤其是在城市被侵占之后，这里的居民反抗、逃亡和袭击禁卫军的事件屡屡发生。伊凡知道这个小城市的居民袭击自己的军队之后，异常愤怒。他将其视为挑衅，并不停地咒骂，而且发布讨伐的命令。

他亲率士兵于1570年1月2日来到诺夫格罗德城下。他命令士兵们在城市周围筑起栅栏，防止有人逃跑。教堂上锁，任何人不准入内避难。

之后在伊凡所在的广场，每天，大约有1000位市民，包括贵族、商人或普通百姓，被带到伊凡面前，他不听取这些人任何的辩护，不管这些人有罪没罪，只要是诺夫格罗德城的人，他就对其用刑。鞭打、裂肢、割舌头等各种残酷的刑法他都用尽。很多居民还被扔入冰冷的水里，浮出水面的人，伊凡就命令士兵用长矛将其活活地刺死。这场恐怖的屠杀共持续了五个星期，诺夫格罗德城大概有20 000多人被屠杀，这场残酷的屠杀在历史上是非常罕见的，也是令人发指和痛斥的。

伊凡的残暴不仁，是因为他手中有可怕的权力，这是一个比较极端的例子，但是也能说明不受控制、没有底线的愤怒，就像愈烧愈烈的火焰一样，会把身边的一切都烧毁。我们手中没有至高无上的权力，所以我们的愤怒不会大面积燃烧。但是，没有底线的愤怒还是会对我们身边的人造成伤害。

在愤怒的时候，人们往往容易冲动，大脑失去理智的控制，造成不堪想象的后果。人们也常常用极端的方式来发泄自己的愤怒，以父母批评孩子为例，因为孩子的成绩不好或者表现不佳，父母有时对孩子大打出手，结果孩子不仅身体觉得疼痛，心理上也会受到伤害，他们可能会仇视父母，而且还可能会埋下阴影，对其未来的发展非常不利。

因而，在愤怒的时候，要善于将愤怒的冲动变成理性的思考。当遇到不平的事情之后，可以愤怒，但是不能表现得太过激烈。激愤的时候要懂得控制自己的情绪，避免出现丑态，更不能恶语伤人或做出暴力行为等。由于情绪失控而做出伤害别人的事情，日后要想弥补就很困难了。

愤怒还可以用理智予以控制，对一些不开心的小事，与其憋在心里，让自己生闷气，不如把它抛在脑后，保持心境的平静。确立了这种意识，就可以逐步实现控制愤怒情绪的目标，并且能够提高自己的忍耐力和毅力。

及时停住你的愤怒冲动

人在紧张状况下，很难控制自己的情绪。一时心中生起千堆火，哪里还会考虑事情的后果呢？这个时候的行为往往具有自伤和伤人的性质。冲动情绪常常发生在与别人争吵或者受到批评的时候，这是一瞬间爆发出来的怒气。冲动害人不浅，它给我们带来的负面影响远远超过我们的想象。

王先生是国内某知名企业的一位高级主管。在决策时，由于自己一时疏忽，造成了该企业的利润直接下降了七个百分点。事情发生后，企业内部人心惶惶，唯恐老板把怒气发泄到自己的身上。王先生更是提心吊胆，做好了接受处罚的准备。

终于，秘书通知说，老板让他过去一趟。"嗨，算了，该来的总会来，没必要紧张。"王先生安慰着自己，但还是怀着忐忑的心情来到了老板的办公室。一进门，老板不但没有大发雷霆，反而让他坐下喝茶。王先生心里越发纳闷儿了，不知老板葫芦里卖的什么药。

"听到这个消息时，我整个人都要疯掉了。你知道你犯的错误有多严重吗？"老板开口说道。

"对不起，是我的失职。我请求惩处。"王先生立马起身赔罪。

"我本来是要重重处罚你。但是，做每件事情都要合情合理，不能冲动。于是，我考虑了一下，你曾经为咱们企业做出了很大的贡献。"老板拿出自己的笔记本，上面写满了王先生的成绩，"每当我控制不住自己的冲动情绪，想要对某人发火时，我就强迫自己坐下来，拿出纸和笔，写出这个人的好处。每当我完成这个清单时，自己的怒气也就消了，就能理智地看待问题了。"

听完老板的一席话，王先生豁然开朗。有这样的老板，自己以后必须要多多学习，努力工作。

冲动的情绪容易蔓延，如果这时的情绪不能在源头得到控制，那么你就会陷入愤怒的情绪无法自拔。所以，当你发现自己的情绪将要爆发，就要及时采取措施，抑制这种情绪。否则，愤怒在你的胸口不断膨胀，最终你将会承受不了这巨大的压力，做出让自己后悔的事情。上述例子中的老板，虽然员工的错误让自己的企业遭受了巨大的损失，但是他没有大发雷霆，严厉地斥责那位主管，而是先冷静分析该主管的成绩，然后做出判断。因此，只要采取正确的手段，冲动的情绪是可以遏制的。

首先，当你感到无法控制自己的愤怒时，你可以立即转移注意力。迅速离开原来的场景，这不是一种逃避的方法，而是通常所说的"眼不见，心不烦"。你可以先把这件事情放下，做其他的事情。当你的怒气消了之后，再回过头来考虑这件事情。比如，你在做一份报表，但是你的下属交给你的数据一塌糊涂。这个时候，你可以先让下属核对一下，再交给你；或者，你先看另外一份资料。这样不仅能够及时避免冲动，也能给员工留下成熟稳重的好印象。

其次，当你感觉快要控制不住自己的冲动时，不妨坐下来。研究表明，人坐着的时候，血液循环和新陈代谢的速度都没有站着快。这样，愤怒所需要的能量就无法源源不断地供应，冲动的根源也就被切断了。这样，你的生理反应就会降到最低。这就是为什么坐着比站着更容易缓解冲动情绪的原因。

再次，在你控制不住的时候，果断地闭上嘴巴。愤怒是一种软弱的表现，真正强大的人是不会轻易动怒的。保持沉默是心灵真正强大的表现。愤怒只会让你既伤身又伤心。当冲动的情绪实在难以控制了，不妨先给自己一分钟的深呼吸时间。管住你的嘴巴，不要让它到处惹祸。动不动就发脾气的人是不会受人欢迎的。

最后，在你的周围挂上醒目的"制怒"标志。这是心理暗示法的灵活运用。在你快要控制不住自己的冲动时，只要抬起头，看看这样的标语，相信你的怒气就已经消了一半。再加上周围同事的提醒，你的怒火就彻底被扑灭了。所以，不妨写点座右铭或者让周围的人帮助你，改掉易怒的脾气，从根源上遏制自己的冲动情绪。

当然，克制住冲动情绪并不是一蹴而就的，需要你时时刻刻提醒自己。同样，克制住了冲动，还要想想自己冲动的原因，争取在遇到类似的事情时，能做到控制好自己的情绪。

火气太大，难免被打入恶者的行列

凡事不要冒火，不要记恨。看见公交车上年轻的小伙子旁边站着一个孕妇，可是那小伙子却丝毫没有让座的意思；看见恶人走运，明明没有好的品德，却能够吃好喝好……我们常常因各种各样的事情恼火，甚至于对自己的家人都不能心平气和地说话。当我们心怀不平的时候，一定要把火气压下去。即便你认为你自己的理由很充分，但是发火并不是解决问题的最好方法。

罗斯福深得其子女的爱戴，这是众所周知的。有一次，罗斯福的一位老友垂头丧气地来找他，诉说自己的小儿子离家出走，到姑母家去住了。这男孩本来就桀骜不驯，这位父亲把他说得一无是处，又指责他跟每个人都处不好。

罗斯福回答说："胡说，我一点儿都不认为你儿子有什么不对。不过，一个人如果在家里得不到合理的对待，他总会想办法从其他方面得到的。"

几天后，罗斯福无意中碰到那个男孩，就对他说："我听说你离家出走，是怎么回事？"男孩回答："是这样的，每次我有事找爸爸，他都会发火。他从不给我机会讲完我的事，反正我从来没有对过，我永远都是错的。"

罗斯福说："孩子，你现在也许不会相信，你父亲才真正是你最好的朋友。对他来说，你是这世上最重要的人。"

"也许吧！不过我真的希望他能用另一种方式来表达。"

接着罗斯福去告诉那位老友，发现了令人惊讶的事实——他果然如其儿子所形容的那样暴跳如雷。于是，罗斯福说："你看，如果你跟儿子说话就像刚才那样，我不奇怪他要离家出走，我还会觉得奇怪他怎么现在才出走呢？你真是应该跟他好好谈一谈，心平气和地跟他沟通才是。"

跟孩子沟通需要的是耐性，因为孩子很少能理智地面对问题，如果我们强硬地表达自己的想法，那么等来的肯定是他们的不理解，并且很可能他们的叛逆思想会加重。当孩子对我们的不满越积越多的时候，在他们的眼里，我们也就成了恶人，再没有办法走入他们的世界了。

同理，在处理事情的时候，如果不能冷静地分析其中的缘由，提供解决问题的办法，而单单用呵斥和责骂来表达你的情绪，很可能会招致对方的不满。尽管当时对方可能没有表达出对你的恨意，可是他们对你的反感就可能与日俱增。

火气越大的人越容易发怒，而愤怒常常让人失去理智。如果长期被这种情绪所控制，不仅会损害我们的身体，还可能会使我们在心理上形成焦躁、恼恨、嫉妒、粗暴等情绪，让我们的生活从此失去谦和的香气。

试想，如果一个人总是粗暴地对待别人，经常嫉恨别人，那么还会有人愿意跟他相处吗？所以，我们要适时控制自己的火气，别因为一时的冲动将自己打入恶者的行列。

给人情面，不要咄咄逼人

与人交往，要懂得给人留情面，即使自己有理，也不要咄咄逼人。

失败的人常犯的毛病是：自以为是，逮到机会就大发宏论，把别人批评得脸一阵红一阵白，自己则大呼痛快。其实，这样做最终会让自己吃苦头。事实上，给人面子并不难，尤其是在一些无关紧要的事上，你更要学会给人面子。

宋朝宰相韩琦在带兵期间，有一天晚上批阅公文到夜深。那位为他举烛的卫兵实在太困了，不小心将韩琦的头发烧掉一绺。韩琦只是摸了摸头发，一言未发，继续批阅公文。过了一会儿，他抬头一看，发现卫兵换了人，才意识到刚才那个卫兵已被卫队长责罚了。他忙走出去，对卫队长说"他已经知道怎样拿蜡烛了，不要惩罚他"，并好言安慰那位卫兵。

还有一次，韩琦宴请下级官吏，拿出玉杯请大家欣赏。这玉杯价值连城，韩琦十分珍视。不料，一位下级官员喝醉了，不小心将玉杯碰落在地。这位官员吓得酒都醒了，跪在地上连称"死罪"。谁知，韩琦只是淡淡地说："大凡宝物，该有它时它就来了，不该有它时它就走了。天数如此，这不是你的错。"经此一事，朝中上下无不传颂韩琦的度量。

稍加留意，我们就会发现，越是地位崇高的人，越是谦虚待人，处处照顾别人的面子。

与人交往，一定要学会照顾别人的情面，千万不要咄咄逼人。咄咄逼人只会让人厌恶，让人对你产生刻薄的印象。没有人愿意跟刻薄的人交往。

有了分歧，切忌跟人发生正面冲突

天底下只有一种能在争论中获胜的方式，那就是避免争论。

第二次世界大战结束后的一天晚上，戴尔·卡耐基在伦敦得到了一个极有价值的教训。当时他是罗斯·史密斯爵士的私人经纪人。二战期间，史密斯爵士曾任澳大利亚空军战斗机飞行员，被派往巴勒斯坦工作。欧战胜利缔结和约后不久，他以 30 天旅行半个地球的壮举震惊了全世界，没有人完成过这壮举，这引起了很大的轰动。澳大利亚政府颁发给他 50 万美元奖金，英国国王授予了他爵位。有一天晚上，卡耐基参加了为史密斯爵士举行的宴会。宴席中，坐在卡耐基右边的一位先生讲了一段幽默故事，并引出了一句话，意思是"谋事在人，成事在天"。他说那句话出自《圣经》，但他错了。卡耐基知道，并且很肯定地知道出处，一点疑问也没有。为了表现出优越感，卡耐基很讨嫌地纠正他。他立刻反唇相讥："什么？出自莎士比亚？不可能，绝对不可能！那句话出自《圣经》。"他自信确定如此！

那位先生坐在戴尔·卡耐基右边，他的老朋友弗兰克·格蒙坐在卡耐基左边，他研究莎士比亚的著作已有多年。于是，卡耐基和那位先生都同意向他请教。格蒙听了，在桌下踢了卡耐基一下，然后说："戴尔，这位先生没说错，《圣经》里有这句话。"

在回家路上，卡耐基对格蒙说："弗兰克，你明明知道那句话出自莎士比亚。""是的，当然，"他回答，"哈姆雷特第五幕第二场。可是亲爱的戴尔，我们是宴会上的客人，为什么要证明他错了？那样会使他喜欢你吗？为什么不给他留点面子？他并没问你的意见啊！他不需要你的意见，为什么要跟他抬杠？应该永远避免跟人家正面冲突。"

卡耐基曾经说："很多时候你赢不了争论。要是输了，当然你就输了；如果赢了，还是输了。"在正面争论中，并不会有胜者，所有人在正面争论中都只能充当失败者，无论他（她）愿意与否。因为，十之八九，争论的结果只会使双方比以前更加相信自己绝对正确；或者，即使你感到自己的错误，也绝不会在对手跟前俯首认输。在这里，心服与口服没法达到应有的统一。人的固执性，将双方越拉越远。到争论结束，双方的立场已不再是开始时的并列，一场毫无必要的争论造成了双方可怕的对立。所以，天底下只有一种能在争论中获胜的方式，就是避免争论。

口头冲突除了浪费时间、影响感情外，很难争出个输赢来。因为越到最后，双方的理智因素就会越少，最终变成了每人一套理论，各说各的，谁也说服不了谁。与其这样，还不如避免口头上的冲突，各做各的事去，不要在这上面浪费时间和感情。

非暴力沟通心理学
——用非暴力沟通化解冲突

学会尊重，私底下指出别人的缺点

在别人的某些缺点比较突显时，我们应该以私下谈心的方式委婉指出。急风暴雨不如和风细雨，当场训斥不如私下平心静气地说明白。

每一个人都难免有缺点，并且可能在不同的场合会表现出某种缺点，破坏气氛。面对这种情况怎么办？是当场指出别人的缺点，还是先忍下，私底下再指出来？作为讨人喜欢的说话方式，私下指出应该是面对这种场景时采取的第一步行动。但有的人却常常要么容忍别人的缺点，要么就直接当众挑明，让别人下不来台。

做人要拥有一颗宽容的心。"金无足赤，人无完人。"记得有位专家说过，不要苛求别人的完美，宽容会让你自己不断完美起来。只有我们拥有了一颗宽容的心，别人才能感受到我们的真诚，在我们指出他们缺点的时候才能心悦诚服地接受。

朋友之间，指出缺点总是要担负点伤和气的风险的，但作为朋友应该承担这种风险。风险有大有小，关键是用的方法适当与否。人总是要讲点面子的，指出缺点更应该顾及对方的面子，说话尽可能婉转一些，尤其不要当众给朋友生硬挑刺。即使在私下场合指出缺点和错误，也应充分考虑如何让对方愉快地接受。最好先聊聊其他事情，再在沟通感情、融洽气氛的基础上婉转地指出问题。

指出缺点更多时候发生在角色地位并不平等的人之间，比如上司对下属，老师对学生。这些情况下可以公开指出缺点吗？当然不应该，下属和学生的面子照样应该维护。

当员工明确地违背规章制度时，应当众指出其过错，让他认识到缺点错误的同时，也可对其他人起到警示作用。假如员工在工作上出现小小的失误，而且不是有意的，可在私下为其指出来，或以含蓄、暗示的方式使其意识到自己的缺点。这样既能维护他的面子，又能达到帮助他改正缺点的目的。

要时常反问自己："处理这件事最合乎人性的方法是什么？"当员工把事情弄糟了，有的领导者会当着其他员工甚至是这个员工的下属把犯错的员工训斥一通。而人性化的领导者会在私下里跟员工谈心，指出其缺点，帮助他们找出适当的方法去做好事情，并且会肯定他们已经做得很好的部分，以免让这些员工丧失信心。

所以，作为上司，假如下属真的表现出了比较严重的缺点，一般应私下单独找他谈话，引导他今后正确处理类似的问题，避免再犯同样的错误。只有这样，下属有问题才愿找上司反映或沟通谈心。这样一来，上司就会在员工中树立一个良好的形象。

作为老师，对学生的缺点也要有一些技巧。

刘老师班上有个女生很优秀，有一段时间看到别人比自己成绩好，心里有些不平衡。刘老师通过网络和她聊天，直言不讳。这个女生很感激，自己的情绪也理顺了。对其他有缺点的学生，刘老师也尽量采取类似方法。一位教育专家这样评价刘老师：刘老师这样做是有策略的；育人工程最艰辛，关键要用心！

有一次，刘老师经过教室，听到一位同学用脏话骂老师，他装作没听见，事后私下把那个同学请到办公室，告诉他老师已经听到他说的那句话，但不想当着全班人来批评他，这也是为了尊重他。这样他很诚恳地承认了错误并向老师道歉，后来他也变得很有礼貌了。试想，如果刘老师当时走进教室狠批一顿，不但自己下不了台，而且有可能换来学生第二次更难听的脏话。

所以，在私底下指出其缺点，既是对别人的尊重，也会赢得别人对你的尊重。

用谦虚的态度和人说话

有许多真正伟大的人物，总是很谦虚地请别人评判自己的意见，因而更易获得别人的赞同。

中国人自古以来视谦虚为美德，虽然有人将其视为虚伪，但不谦虚的人还是很难获得大家的一致认同的。我们可以很自信，但大多数时候还是要表现得谦虚一些，尤其是要用谦虚的态度和人说话。

首先，不要目空一切、居功自傲。

有的人做出一点成绩、取得一点进步，就飘飘然起来。跟谁说话都趾高气扬，到处夸耀自己。

小杨是一家广告公司的职员，他设计的一个平面广告作品获得了一项大奖，经理在员工会上好好表扬了他一番，并让他升任主管。小杨认为自己是个人物了，从此以专家自居。一次，经理完成了一个平面设计任务，请小杨来评价评价。小杨唾沫飞溅地说了半个小时，设计被批得体无完肤，最后结论是应该返工重来。经理对这个设计本来比较满意，听了小杨的话极不高兴，从此疏远了他。

又过了两年，公司里另一个职员小石也得了广告大奖。他吸取了小杨的教训，说话非常谦虚，态度和善，很得大家喜欢。

其次，要适当使用敬语。

敬语能表现说话者对对方的态度。因此，对听话者来说，可以根据对话是否使用敬语，了解对话人把自己置于什么地位。例如，科长想请新职员去喝酒，叫道："你也来吧！"如果职员回答"好，去"会怎样呢？科长会认为新职员不了解对上司应使用的语言，看低了自己，内心是不会平静的。这样一来，科长就会用另一种眼光看他。由于没有使用敬语，招致对方改变对自己的态度，两人日后的关系也会变得微妙。

常常听到有人说"近年来年轻人连敬语的使用方法都不知道，真可气"，这就是虽然本人没有恶意，但由于没有使用适当、确切的敬语，致使人与人之间的关系产生了风波的明证。

与其相反，使用适当的敬语，不仅能正常地保持人际关系，还会提高别人对你的评价，对女职员来说，更是如此。有人说："适当的时候，使用适当的敬语，对女性来说是语言之美的至高境界。"的确是这样。想想看，与前述相同的场面，如果对于"你也来吧！"回答说"好，一定参加"就会使人多少感到舒服些。心目中对上司抱着什么态度，从语言中可以大致看出来。这种语言的运用，可以协调上级与部下、年长者与年轻者之间的关系，使听的人感到舒服。因为那种语言会使人感觉到说话的人有教养、感情丰富、受过良好的教育。

最后，要请人评判自己的意见。

我们可以看到，以谦虚的态度表示独特的见解，对使别人赞同我们的意见及计划很有效用。我们知道的多数成功的领袖，常常应用这个策略。

有的时候也需要争辩。比如，两个喜欢辩论的朋友，经过一次辩论，也许对双方都是有益而愉快的。美国总统威尔逊曾经对鲍克接连问了一小时的问题，使得他不得不拥护在他自己看来绝对相反的意见。但末了，使鲍克感到吃惊的是：威尔逊告诉他，自己已经改变了主意，已经醒悟了，已经用另外一个观点去看这个问题了。鲍克非常吃惊，从此对威尔逊更加敬重了。这种策略，可以当作友爱彼此的一种方式，但不可说是常例。总之，别人可能在种种方面与我们意见不一致，这是可以预料的事情，但如果和他争辩之后，还能请他来评判一下自己的意见，他就会认为你是个谦虚的人，对你的印象会更为良好。

宽容别人就是宽容自己

如果一个人不懂得宽容，内心老是怀着对别人的仇恨，那么他的形象便不会好，他的人生也不会有多大意义。

在社交中，你要记住：你所相处的对象，并不是绝对理性的人，而是一个个充满了偏见、傲慢、虚荣和自负等情绪的人。假如你想激起一种反抗，使人痛恨你数十年甚至到死，你只要求一时痛快地发表一些具有刺激性的批评就可以了；假如你想获得友爱、理解，只有一条道路可以选择，那就是学会宽容，哪怕对方是你的敌人。树立宽容别人的形象，敌人也有可能变成朋友。

有句俗语说得好："热爱真理，但要宽恕缺点。"

要是自私的人想占你的便宜，你不要去理会他们，更不要想去报复。当你想跟他扯皮的时候，你伤害自己的比伤害那人的更多，你的形象也就会黯淡无光……

罗斯福和塔夫脱总统曾经发生过一场大的争论，并且由于他们的互相攻击导致了共和党的分裂，而伍德洛·威尔逊借机成功入主白宫。受到抨击的塔夫脱没有想到自己的行为所产生的不利影响会如此严重，他含着眼泪说："我不知道我所做的一切到底错在哪里。"其实，他不能宽恕自己的竞争对手罗斯福，白白地耗费了个人精力，无法去做更重要的事，让第三人收获了渔翁之利。

在我们对仇人心怀仇恨时，就等于给了他们制胜的力量，使他们有机会控制我们的睡眠、胃口、血压、健康，甚至我们的心情。如果我们的仇人知道他带给我们这么多的烦恼，他一定会高兴得手舞足蹈！憎恨伤不了对方一根毫毛，只会把自己的形象弄得一塌糊涂，使我们的生活和事业都受到严重影响。

《生活》杂志曾论述不宽容会毁坏健康。它是这样说的："高血压患者最主要的个性特征是容易产生仇恨的情绪，长期的愤恨造成慢性高血压，导致心脏疾病的形成。"

人非圣贤，要爱自己的敌人也许真的有点强人所难，但出于自身的健康与幸福、形象与成功的考虑，我们也该学着去宽恕敌人，甚至忘掉所有仇恨。

下面这个例子会很好地告诉你宽容所带来的巨大力量。

乔治·罗纳住在瑞典的艾普苏那。他在维也纳当了很多年律师，但在第二次世界大战期间，他逃到瑞典，一文不名，需要找个工作。因为他能说且能写好几国的语言，所以希望能够在一家进出口公司里找到一份秘书工作。绝大多数的公司都回信告诉他，因为正在打仗，他们不需要这类人，不过他们会把他的名字存在档案里，等等。不过有封写给他的信说："你对我生意的了解完全错误。你既蠢又笨，我根本不需要任何替我写信的秘书。即使我需要，也不会请你，因为你甚至连瑞典文也写不好，信里全是错字。"

当乔治·罗纳看到这封信的时候，简直气得发疯了。于是乔治·罗纳也写了一封信，目的是要使那个人大发脾气。但接着他就停下来对自己说："等一等，我怎么知道这个人说的是不是对的？我修过瑞典文，可是那并不是我家乡的语言，也许我确实犯了很多我并不知道的错误。如果是这样的话，那么我想得到一份工作，就必须再努力学习。这个人可能帮了我一个大忙，虽然他本意可能并非如此。他用这种难听的话来表达他的意见，并不表示我亏欠他，所以应该写封信给他，在信上感谢他一番。"

于是乔治·罗纳撕掉了他刚刚写好的那封骂人的信，另外写了一封信说："你这样不嫌麻烦地写信给我实在是太好了，何况你并不需要一个替你写信的秘书。对于我把贵公司的业务弄错的事我觉得非常抱歉，我之所以写信给你，是因为我向别人打听，而别人把你介绍给我，说你是这一行的领军人物。我并不知道我的信上有很多文法上的错误，我觉得很惭愧，也很难过。我现在打算更努力地去学习瑞典文，以改正我的错误，谢谢你帮助我走上改进之路。"

没几天，乔治·罗纳就收到了那个人的信，他请罗纳去看他。罗纳去了，而且得到了一份工作。乔治·罗纳由此发现"温和的回答能消除怒气"，他暗自庆幸自己的宽容让事情得到改观。

众所周知，德国伟大的哲学家叔本华曾经把生命比喻为痛苦的旅程，但在绝望深渊中的他仍说："假如有可能的话，任何人都不应有怨恨心理。"换句话说，就是要人们学会宽容。

仇恨会让我们即使面对山珍海味也没有丝毫胃口。

仇恨也最能损害一个人的容颜。

有一位女士去找一个整形美容的权威医生，她请求医生把自己的容貌变得好看些。她告诉医生，因为她听说见过她的人都觉得她长着一副"恶相"，因此想让医生帮忙把自己变得让人看起来更温柔甜美。医生摇了摇头，只说了一句话："你只要用一颗宽容的心去接纳别人就能改变自己，而我的手术刀对此无能为力。"

每个人并不是天生就具有超强的忍耐力，能够忍耐许多事情。能够用宽大的胸怀容纳一切是需要一个过程的，它并不是一朝一夕、一蹴而就的。

身在职场，你会遇到各种各样的人，就拿领导来说吧，有脾气古怪、猜忌心重的人，而同事之间也有钩心斗角。当面对这些人时，如果你想给自己树立一个好的形象以便继续发展自己的事业，你就要用一颗宽容之心面对这一切。

老刘任财务科长的第三年，上司委派了一名新主任。新主任是老会计出身，没有多少能力，对所管辖的部属，谁工作认真、昼夜加班、出了成绩，他看在眼里，忘在脑后；谁迟到早退，不请假，或者没有给他及时送材料，他就牢牢记在心上，时不时地给这些人点颜色瞧瞧。新主任对财务科的工作总是挑毛病、找破绽，好像怎么看怎么不顺眼。

面对蛮不讲理的新主任，老刘既没有当面顶撞，也没有逢迎巴结。他经常和本科室的人员开会，定出工作程序，交给主任过目后再执行，并做好系统记录，以便主任翻阅。

这样自行安排工作，既减少了他这个财务科长与新主任的摩擦，也减轻了自己的负担。

有几次，老刘被主任严厉批评，但他没有任何的情绪异常，也没有把这种情绪带到工作中去。相反，老刘每次受了委屈，必当机立断，检查自己的工作、处事是否有错误，并且有错必改，进一步做好本职工作。

此外，对待这样的"大老粗"主任，老刘时时小心、处处小心、步步小心，每一件事、每一句话都对主任格外尊敬，尊重主任的意见，多向主任请教，多多体谅主任的难处。

这样一年下来，主任对财务科长褒奖有加，再也不像以前那样恶声恶气了。又过了半年，老刘被提升为财务部主管。

可见给别人留下一个宽容的形象对工作和前途是多么重要。

第六章

区分观察和评论：
通过非暴力沟通做出合适批评

把握好说话的分寸，不可太露骨

当我们发现对方的行为有所不妥时，不必说得太露骨，稍微暗示一下对方，或者旁敲侧击地提醒，对方通常能够明白你的意思，还会对你的善意规劝表示好感。

事情有缓急，说话有轻重。有些人在日常交际中，考虑问题缺乏理智，不计后果，说话没轻没重，以致说了一些既伤害他人、也不利自己的话。其实，把话说得有轻有重，并非人们想象的那么难。只要将心比心，把对别人说的话对自己说上一遍，就知道我们所说的话有多少分量了。

在规劝或批评对方的情况中，掌握好轻重的比例是非常重要的。谁都知道"人非圣贤，孰能无过"。

宋朝益州的张咏，听说寇准当上了宰相，对其部下说："寇公奇才，惜学术不足尔。"张咏与寇准是多年的至交，他很想找个机会劝劝老朋友多读些书。

恰巧时隔不久，寇准因事来到陕西，刚刚卸任的张咏也从成都来到这里。老友相会，格外高兴。临分手时，寇准问张咏："何以教准？"张咏对此早已有所考虑，正想趁机劝寇公多读书。可

非暴力沟通心理学
——用非暴力沟通化解冲突

是仔细一琢磨，寇准已是堂堂宰相，一人之下万人之上，怎么好直截了当地说他没学问呢？

张咏略微沉吟了一下，慢条斯理地说了一句："《霍光传》不可不读。"回到相府，寇准赶紧找出《霍光传》，从头仔细阅读，当他读到"光不学亡术，暗于大理"时，恍然大悟，自言自语地说："此张公谓我矣！"是啊，当年霍光任过大司马、大将军要职，地位相当于宋朝的宰相，他辅佐汉朝立下大功，但是居功自傲，不好学习，不明事理。这与寇准有某些相似之处。因而寇准读了《霍光传》，明白了张咏的用意。

虽然张咏与寇准过去是至交，但如今寇准位居宰相，直截了当地说不一定合适。在这种情况下，张咏的一句赠言"《霍光传》不可不读。"可以说是绝妙的。别小看这一句话，其实它能胜过千言万语。而张咏通过让寇准去读《霍光传》这个委婉的方式，使他愉快地接受了自己的建议。

那些熟谙暗示手段提醒别人的人，通常能将自己善意的评价和论断很好地传达给对方，结果就会使评价方和被评价方获得双赢。虽然人人皆知直言不讳是耿直的表现，但是物极必反，有时候态度越强硬，越达不到你想要的效果。最为高明的手段是根本不提"批评"二字，而是逐渐"敲醒"听者，启发他进行自我反省。

奉劝别人的话并不是随口说出来的，我们必须思考应该以什么样的方式把它说出来才不会让对方难堪。对于那些有自知之明的人，最好采用暗示的方式，因为这样做可以达到劝说的目的，无须再把话挑明。

看透但不点透：事情说得太白会伤和气

人非圣贤，有时难免会做一些不适当的事。在这种情况下，要把握好指责他人的分寸，即使看破别人的心思也不要去点破。

在人际交往中，有的事不必说得太明白，只要大家心知肚明就可以了。俗话说：看透别说透。事情说得太白，反而会伤和气，或显得太无聊。懂得此术，在交际中自然就能做到游刃有余。

一日，老姜在县上巧遇好友老刘。一番寒暄之后，老刘说道："我正想去找你，正好你来了。"

"有啥事我能帮上忙的？"老姜好奇地问。

"×镇的朱××诉H镇的周××一案是你们受理的吧？"

"是啊。"

"周××是我的老乡。他是复员军人，共产党员，这人……"老刘说。

老姜插话笑道："你不必介绍他的政治面貌了，我们又不选拔干部。如果只看政治面貌，那么，若遇上一件书记告贼的案子的话，岂不是连审判程序也不必进行，直接判书记胜诉就行了？"

"对对对。"老刘连连点头。

"人们总爱把犯过错误的人看扁，犯过错误的人又不敢激烈申辩自己的正确主张。你是明理之人，为他辩护即可以维护其合法权益。你说，对吗？"老姜说。

"言之有理。"

一番说笑后，二人分手了，没有因此产生半点隔阂。

相反，那些事事追究到底、口无遮拦地说出心中所想的人，往往会破坏原本可能融洽的气氛。

在一个会议上，张教授遇见了一位文艺评论家。互通姓名后，张教授对这位文艺评论家说："久仰久仰，早就知道您对星宿很有研究，是位大名鼎鼎的天文学家。"评论家半天没有反应过来，以为是张教授搞错了，忙说："张教授，您可真会开玩笑，我是搞文艺评论的，并不研究什么天文现象。您是不是弄错了？"张教授正言答道："我怎么是跟您开玩笑呢。在您发表的文章里，我时常看到您不断发现了什么'著名歌星''舞台新星''歌坛巨星''文坛明星'等众多的'星宿'，想来您一定是个非凡的天文学家。"这位评论家尴尬不已，什么也没说，坐了一会儿就走了。

为人处世，虽需练就一双"火眼金睛"，同时也要做一只"闷嘴葫芦"，这样才能万无一失。像故事中的张教授以为自己看得挺明白，于是就对人大加评判；而故事中的老姜则不同，他明白看透不说透的道理。这两种人在处理事情时得到的结果也自然不同。

谁都会有出错的时候，如果只是一味地泄私愤、横加批评、讲刺儿话，总是数落对方"你怎么这么笨""你怎么总是这样""你这样做太不应该了"，是不太妥当的。

保全别人的面子，这是在人性丛林中生存的法宝。因为你不去点破他人的心思，充其量是落得他人的埋怨，却不至于引发什么危机。

因此，当某人行事真有问题时，他有时会反省，觉得抱歉、恐慌、不知所措，此时如果你再批评指责他，那么他就会因为你的谴责而羞愧难过，甚至从此一蹶不振，无法再树立自信。如果换种语气，换个方式，比如，说"从今以后，你会做得比这次好"，或者"我想，下次你一定不会再犯这样的错误了"等诸如此类的话，对方不仅会感激你对他的信任，同时也会感受到你的真诚，更重要的是，对方有了改正错误的信心，在今后的工作、生活中，必定小心谨慎。

批评时应遵守的原则

批评者如果能够遵循批评的基本原则，那么他的批评将会更容易被对方接受。

世上没有十全十美的人，每个人都有可能会犯错。有的人会忍不住大发雷霆，严厉斥责犯错的人。然而在一阵狂风暴雨之后，你可能会沮丧地发现，你的善意并没有被对方所接受。倘若我们给批评裹上"糖衣"，也许批评会更容易为人所接受。

一天中午，钢铁厂厂长查理·夏布偶然走进厂里，撞见几个工人正在吸烟，而在那些工人旁边的墙上正悬着"禁止吸烟"的牌子。

夏布没有直接地批评工人。他走到那些工人面前，拿出烟盒，给他们每人一支雪茄，然后请他们到外边抽。

那些工人知道自己已违反了规定，可是夏布先生不但没有责备他们，还给他们每人一支雪茄，工人们很高兴，以后再也没有在厂里吸烟了。

其实，批评不一定要用尖刻的言语，有时温柔细语更能起到劝说、评批的效果。

在生活和工作中，批评是必不可少的，因为每个人都有缺点，只有认识到自己的缺点并加以改正，才有可能获得进步。这就是批评的价值所在。

但是，批评一定要讲究方式、方法，否则难以达到预期效果。那么，批评需要遵循哪些原则呢？

1. 体谅对方的情绪

开门见山地批评他人显得有点残酷，会给对方的心里蒙上一层阴影。所以，当你在批评他人时，不妨设身处地地站在对方的立场考虑一下，自己是否能接受得了这种批评。如果批评的话自己听来都有些生硬，那么就该检讨一下自己的措辞。

另外，批评也要考虑场合。不注意场合的批评，任何人都很难接受。

2.诚恳而友好的态度

批评是一个敏感的话题，哪怕是轻微的批评，都不会使人感到舒畅，而且，批评者此时会显出很挑剔的态度。所以，如果批评者态度不诚恳，居高临下，反而会引发矛盾，使被批评者产生对立情绪。

因此，批评必须注意态度，诚恳而友好的态度往往能使摩擦减少，使批评达到预期效果。

3.只说眼前，不提过去

批评应该站在如何解决当前问题、将来如何改进的立场上进行。这样的批评才是理想、恰当的。

4.批评时莫让他人听到

批评时若有他人在场，被批评者会感到屈辱，由此心生反感，找理由辩解，而无心自省。因此，不到万不得已，不要当众批评他人。

寻找最佳突破口

如果在情绪已经产生强烈波动即将导致过激行为的时刻予以说服，阐明利害得失，对方就会受到震动，恢复理智，幡然醒悟。

人的心理是客观现实在头脑中的反映，外界的刺激会引起人的心理变化，突然的刺激会导致心理波动。这时人们往往反应强烈，特别是年轻人，他们更易冲动，而理智不足。情感的潮水会漫过理智的堤坝，在激情的驱使下他们有可能会做出事后追悔莫及的过激行为。

过早地进行说服，会被对方认为神经过敏或无中生有；时过境迁，再去说服教育，易被对方看成事后诸葛或秋后算账，也不能收到好的效果。

要抓住最佳时机，就要善于在人的思想、情绪容易发生变化或可能出现问题的关口及时进行说服教育。一般来说，人们在面临工作调动、毕业分配、入党入团、家庭事件、婚恋受挫、升职加薪、意外事故、住房分配、子女就业、退伍回乡、请假探家、负伤患病等这些情况时，极容易产生思想波动，这也正是进行说服的好时机，在这种时刻要及时劝导提醒，防患于未然。

说服的时机是否恰当，可以通过观察对方的情绪表现进行判断。如果对方心平气和，或者表现出情绪十分平静的迹象，这往往说明时机较为合适；如果发现对方表现出反感或对立情绪，我们除应检查谈话方式、方法或自己的观点、态度是否正确外，还应考虑谈话的时机是否成熟，是否要及时中止谈话，以免造成不好的后果。这时，我们应积极观察，耐心等待，或者采取恰当措施，创造有利的时机，使说服一举奏效。

实际上，"最佳时机法"所强调的最佳时机，并没有具体标准，也并不仅限于上面事例中所展示的模式，全靠我们在具体情况下从说服目的出发，针对对方的思想状态和心理特点，自己揣摩和把握。

只要我们具有敏锐的观察力、准确的预测和果断灵活的思维能力，我们的说服工作就会像杜甫诗句中"知时节"的"好雨"那样"当春乃发生"，恰到好处地滋润人们的心田。寻找说服的最佳突破口，不仅可以从把握最佳时机着手，还可以从对方最得意的事情说起。

生活中其实每个人都有自己认为得意的事情，事情的本身究竟有多大价值且不论，但在他本人看来，这就是一件值得终身纪念的事。如果你能预先打听清楚，在有意无意之间，很自然地讲到他得意的事情，只要他对你没有厌恶的情绪，只要他目前没有其他不如意的事情，在情绪正常的情况下，他一定会高兴地听你说，此时说服他就容易多了。

当然，我们在进行说服时要注意技巧，表示敬佩，但不要过分推崇，否则会引起对方的不安。对于事情的关键，要慎重提出，加以正反两方面的阐述，使他认为你是他的知己。到了这种境地，他自然会格外高兴，会亲自讲述，你应该一面听，一面说几句表示赞赏的话，如此一来，即使他是个冷淡的人，也会变得和蔼可亲，你再利用这个机会稍稍暗示你的意思，进行试探，作为第二次进攻的基点。这不是失败，而是你说服他的初步成功，对于涉世经验不丰富的人，得此成绩，已不算坏，若想一举成功，除非对方与你素有交情，又正逢高兴的时候，而且你的谈吐又是很容易令人接受的，否则千万不要存此奢望。

对方得意的事情要从哪里去探听，可以试着在你的朋友中找一下有否与对方交往的人，如果有，向他探听当然是最容易的。如能留心报纸上的新闻等，平日记牢关于对方的得意事情，到时便可以应用。此外，随时留心交际场中的谈话，在这些时候谈到对方得意的事情，也是很平常的。因为对方在高兴的时候，易于接受你的请求；在对方不高兴的时候，虽是极平常的请求，也会遭到拒绝。比如，对方新近做成了一笔生意，你称赞他目光精准、手腕灵活，引得他眉飞色舞，乘机稍示来意，也是好机会。诸如此类的例子很多，全在于你随时留心，善于利用。当你提出请求时，你得看时机是否成熟，另外，你在说服过程中要保持不亢不卑。过分显出哀求的神情，反而会引发对方藐视你的心理。尽管你的心里十分着急，但说话的表情还是要表现得大方自然，并且要说出为对方着想的理由来，而不只是为你自己打算。

批评孩子的同时还需要对其正确引导

冲突本身并不可怕，关键在于如何正视冲突，并合理地处理和化解冲突。

随着社会的发展，人们的价值观、世界观发生了巨大的变化，父母与孩子之间由于生活在不同的时代而产生了价值观上的差异，比如，孩子嫌父母古板、循规蹈矩；父母抱怨儿女不踏实、太新潮……

孩子与父母之间的这种冲突是孩子成长过程中必经的关口。

有时候，林女士会羡慕别的家庭，他们的孩子怎么就能和父母无话不谈，甚至恋爱的秘密也一起分享。她女儿灿灿最爱说的就是："妈妈你别管了，我自己会处理。"

林女士第一次发现灿灿特有主见还是在中考时。

那时，灿灿已经被保送本校高中。灿灿学习成绩一直很好，能保送就算是进了保险箱。但此前，灿灿一直在考虑报考一所更好的学校。要知道，被保送已经是许多孩子梦寐以求的事了。

那个月，这个话题一直在林女士家的饭桌上讨论不休。如果放弃保送，万一考不上，对灿灿会不会是个沉重的打击？即便那时再考上本校，还要多交一大笔学费。而且，本校会不会不愿意接收呢……林女士和丈夫尽可能倾听灿灿对学校的感受，和灿灿商讨各种可能性，并介绍他们在工作生活中的经验教训……其实，林女士和丈夫心中早有定数：希望她接受保送。"但我们能替孩子做决定吗？谁又能保证她执行的效果？"于是他们告诉灿灿："这件事由你自己决定。"

其实，女儿非常认真地听取了他们的意见。林女士心里也在打鼓："我和丈夫应该支持孩子在事关前途的问题上冒险吗？"

终于有一天，女儿回家后淡淡地说："爸，妈，我今天对老师说，我放弃保送名额了。"

林女士和丈夫迅速对视一眼，马上表示："那就这样吧！"两人再没多说什么。可是回到卧室，她和丈夫谈到深夜，心中不知是惊喜还是担忧。没想到孩子这么小就有了决断力和对自己负责的态度，她既然愿意逼自己一下，不管结果如何他们都接受。

几个月过去了，孩子还是以几分之差落回了本校。之后半年多的时间，孩子经历了失落、对学校的不满意和与其他同学比较后的失衡。看着她烦躁的神情，林女士的担心真是难以形容。

就在那时候，林女士常常用自己的经历来给女儿打气。她给灿灿讲述她18岁离家插队，单纯、胆怯、对社会一无所知；十多年来，面对艰难困苦的生活，她和丈夫是如何熬过来的，如何靠着自己的奋斗走出了困境。她对灿灿说："我跟爸爸现在拥有的大部分好的经验、能力都是在不断的失败中得来的，经历点挫折也不是坏事，这是成长中一次重要的心理考验，别人无法替代。只有依靠自己不断地打拼、锻炼才能取得成功。"林女士和丈夫一直都在灿灿的身边默默地支持她。后来，灿灿逐渐从失败的阴影中走出来，并考上了北京著名的高等学府。

其实，独立是孩子成长的需要，处于青春期的个体具有明显的独立性和成人心理。若父母对这些"准大人"仍采取强硬态度，喜欢命令孩子，这样做不但没有效果，反而会增加孩子的抵触情绪，加深父母与孩子之间的代沟。假如父母能认识到这是孩子个性的表现，抱着理解、尊重和正确引导的态度去面对，那么两代人之间的代沟自然容易消除。

以柔克刚，正话反说吐逆耳忠言

很多谈话高手在批评别人时，都会选择一种委婉的方式。

人们认为，口才好的人总能在交际中左右逢源，随机应变；语讷的人常常会感到自惭形秽，认为自己不善于交际，甚至对人际交往失去信心。其实在社会交往中，如何把话说得恰到好处才是成败的关键。

俗话说："良药苦口利于病，忠言逆耳利于行。"我们要把话说得恰到好处，那么为何不用顺耳的忠言、温柔的言语来化解矛盾呢。公园里草地上竖立的牌子，有的写着"小草默默含羞笑，来往游客莫打扰""百花迎得嘉宾来，请君切莫用手摘"，有的则用诸如"禁止""罚款"等字眼。哪一种更能博得游人的喜爱，使花草得到爱护，这是一目了然的。

　　不论是工作还是生活中，一个人的能力毕竟是有限的，不可能把任何事情都做到十全十美，时常犯一些错误是在所难免的。同学之间、同事之间，如果真诚地提出善意的批评，对于双方都是有益的。对于他人的任何批评和帮助，我们要满怀诚意，虚心接受。既然是批评，语言可能会尖锐一些，语气也会严厉一些。忠言逆耳或者顺耳，批评能否被接受，这取决于批评者说话的方式方法。

　　领导发现秘书写的总结有不妥之处。他是这样批评秘书的："小张，这份总结总的来说写得不错，思路清楚，重点突出，有几处写得很有见地，看来你下了功夫。只是有几个地方提法不妥，有点言过其实，有的地方尚缺定量分析，麻烦你再修改一下。你的文笔不错，过去几次写总结也是越修改越好，相信你这次也一定能改出一个好总结来。"

　　这样说，秘书会感到领导对自己很公正、很器重，充满期望和信任，自然就会很卖力地把总结改好了。

　　人活一张脸，树活一张皮。一个人的自尊是最宝贵的也是最脆弱的。聪明人总是在发现对方的不足时，想办法找个机会私底下向他透露，而且批评也是较为含蓄的，甚至会将批评隐藏在玩笑中，这样就能让对方很容易地接受了。

批评之后给对方铺退路

有时候为了给犯错的人铺一条退路，还可以假定一方在开始时没有掌握全部事实。

有一位老师曾遇到过这样一件事。下课了，有个学生向老师反映，昨天她爸爸送给她的生日礼物——一支黑色钢笔不见了。老师观察了一下全班同学的表情，发现坐在该女生旁边的那个学生神情惊慌，面色苍白。钢笔可能是她拿的。当面指出吧，苦于没有充分的证据；搜身吧，又不近情理。这位掌握一定攻心技巧的老师想了想说："别着急，肯定是哪个同学拿错了。只要等会儿她发现了，一定会还给你的。"说完，老师看了看那个学生。果然，下课以后，那个拿了钢笔的同学趁旁人不在的时候，赶紧把钢笔偷偷地放回了那个女同学的笔盒里。

这个故事告诉我们，如果他人犯错误，我们批评时要抱着一种理解的态度，不要一棒打死，而是要在批评之后给对方铺退路。因为，人都是有各种各样的弱点的，完美的人只有在童话或神话中才存在。现代生活中的人都是凡夫俗子，都会或多或少地犯错误。

假如老师直接把自己的怀疑说出来，并严厉地批评偷笔的同学，把话说绝，把退路都堵死了，难免会使一时犯错的同学受到伤害，甚至会因使对方过于难堪而导致更糟糕的状况发生。相反，这位老师用暗示的方法给犯错的同学留下了弥补错误的机会。在人际交往中，我们不应该对所有犯错的人都予以不可辩驳的宣判，而是应该使对方下定"明天起要再加油"的决心，给他们改正醒悟的机会。

例如，你可以这样说：

"当然，我完全理解你为什么会这样设想，因为那时你不知道那回事。"

"在这种情况下，任何人都会这样做的。"

"最初，我也是这样想的，但后来当我了解到全部情况时，我就知道自己错了。"

精明的人在说话时都懂得不撕破脸，在对方没有退路时给对方铺退路。这样对方也会自知理亏而早早收场，不再纠缠。

从另一个角度来说，人与人之间的情感是不能回避的。随着社会的发展，人际交往中的人情味也会变得越来越浓。社会越前进，社会分工越细，人际交往中的情感依存越强，人的情感就显得更加可贵。这个问题有利也有弊，社会中的领导者尤其应该重视这个问题。比如，对一些影响不大又不属于原则性的错误，进行了批评，达到了批评的目的，就可不再声张，甚至也不必再言及领导班子中的其他人；有时也可以直接告诉被批评者，说明到此为止，不再告知他人。这都可使对方得到安全感，对其产生情感约束力。

第七章

热爱和善待自己：
非暴力沟通让我们遇见更好的自己

一生必爱一个人——你自己

　　每个人都不可能完美无缺，只有从内心接受自己，喜欢自己，坦然地展示真实的自己，才能拥有成功快乐的人生。学者伏尔泰曾言："幸福，是上帝赐予那些心灵自由之人的人生大礼。"这句话足以点醒每一个追求幸福的人。要做幸福的人，你首先要当自己思想、行为的主人。换言之，你只有做自己，做完完全全的自己，你的幸福才会降临！这就是幸福的秘密。

　　我们都要知道，在这个世界上，你是自己最要好的朋友，你也可以成为自己最大的敌人。在悲喜两极的抉择中，你的心灵唯有根植于积极的乐土，才能在不偏不倚的自爱中获得对人对己的宽宏，达到明辨是非的境界。学会善待自己，你会觉得阳光、鲜花、美景总是离你很近。你平和的心境是滋养自己的沃土。

　　爱自己首先要按自己喜欢的方式去生活。我们要想生活得幸福，必须懂得秉持自我，按自我的方式生活。如果你一味地遵循别人的价值观，想要取悦别人，最后你会发现"众口难调"，每个人的喜好都不一样，失去自我，便是自己人生痛苦的根源。

　　辛迪·克劳馥，这个名字对于中国的中青年人来说，几乎是无人不晓。作为一代名模，她也和许多名模一样，缺乏主见，也几乎和许多名模一样，差点儿沦为有钱人摆弄的花瓶。但她及时意识到了自己的个性弱点，主动调整自己，展示出了独特魅力，牢牢将命运掌握在了自己手中。

辛迪·克劳馥 18 岁进入了大学的校门。大学里的辛迪是一朵盛开在校园的鲜艳花朵，走到哪里，哪里就发出一阵惊呼。那个时候，她身材修长，亭亭玉立，再加上漂亮的脸蛋，简直是美极了。当时，人们对她赞不绝口。的确，她的整体线条已经是那么流畅，浑然天成；她的鼻子是那么挺拔，配上深邃的目光，性感的嘴唇以及丰满的乳房，浑圆的臀部，一切就像是天造地设似的。难怪，在同学当中，她那么引人注目。

在这期间，有一个摄影师发现了她，拍了一些她不同侧面的照片，然后挂在他自己居室的墙上。同时，将她的照片刊在《住校女生群芳录》中，她的脸、她的相片、她的名字，第一次出现在刊物上。很快，她被推荐去了模特经纪公司。但是一开始，她就碰了壁。这家公司竟说她的形象还不够美。她因此感到伤心。而令她更感到伤心的是，那个经纪人认为她嘴边的那颗痣必须去掉，如果不去掉，她就没有前途。但她不肯去掉。

成名之后，她回忆起这件事的时候说：“小时候，我一点儿都不喜欢那颗黑痣，我的姐妹们都嘲笑它，而别的孩子总说我把巧克力留在了嘴角。那颗痣让我觉得自己和别人不一样。后来，我开始做模特儿，第一家经纪公司要我去掉那颗痣。但母亲对我说，你可以去掉它，但那样会留下疤痕。我听了母亲的话，把它留在脸上。现在，它反而成了我的标志。只有带着它到处走，我才是辛迪·克劳馥。其他人跑来对我说，她们过去讨厌自己脸上的小黑痣，但现在她们却认为那是美丽的。从这个意义上来说，这是件好事，因为人们变得乐于接受属于自己的一切，尽管她们过去并不一定喜欢。"

辛迪·克劳馥的经历告诉我们，你才是你自己的中心。一个人无须刻意追求他人的认可，只要你保持自我本色，按自己的方式生活，生活中就没有什么可以压倒你，你可以活得很快乐、很轻松。人应该爱自己的全部，那样你才会感到自身的魅力。一旦你看上去既美丽又自信，就会发现周围的人也对你刮目相看了。正如美国歌坛天后麦当娜所说："我的个性很强，充满野心，而且很清楚自己想要什么。就算大家因此觉得我是个不好惹的女人，我也不在乎。"事实上，并没有人因此而讨厌她，相反，人们更加着迷于她的优美歌声和独特个性。

解决内心冲突，看清自己的成长方向

他是一位咖啡爱好者，立志将来要开一家咖啡馆。闲暇时间，他到处喝咖啡。除了品尝不同的咖啡之外，也看看咖啡馆的装潢。

有一次，他约一位朋友喝咖啡。带着朝圣的心情，朋友跟他去了一趟咖啡馆。很不巧，他对那家咖啡馆似乎没有什么好感。朋友问他："怎么样，这家店的咖啡口味还不错吧？"他淡淡地说："没什么！"朋友继续问："店面的装潢呢？"他还是回答："没什么！"以后的日子里，朋友陆续跟他到过不同的咖啡馆，品尝不同口味的咖啡，"没什么"仿佛是他的口头禅，对所有去过的咖啡馆，他的评价都是"没什么"，而且带着点儿不屑的语气。朋友心想：大概是他的品位太高了，这些咖啡馆提供的饮料及气氛果真都不如他的意。

另外，有一位对蛋糕有兴趣的女孩。从前，她也常说："没什么！"她不但爱吃蛋糕，还利用空闲时间拜师学艺，到专业的老师那儿上课，学做蛋糕。刚开始学习的那段日子，她还是不改本性，不论到哪里，吃到什么蛋糕，都会给对方"五星级"的评价："没什么！"标准之严苛，让大家觉得她挑剔得过火。过了半年，当她从蛋糕初学班结业之后，态度有了180度的大转变，无论在哪里，品尝过谁做的蛋糕，她都很认真地研究里面的配方，用什么材料、多少比例、烘焙的步骤。如果做蛋糕的师傅在场，她还会很好奇地向对方讨教、研究成功的关键技巧。朋友笑着对她说："你变了。从前是说'没什么'，现在是问'有什么'？""没错，没错，其实每一件事情一定都'有什么'，差别只在于你有没有观察到它'有什么'而已。"

挑剔是人们的普遍心理，人们总感到这也不好，那也不如意，却又没有比别人更好的办法来改进。如果放下对别人严苛的审视目光，改为通过各种途径来充实自己，做一个从"没什么"到"有什么"的转变，你会从别人身上发现更多值得称道的东西。

沙子与珍珠的最大区别就是沙子落下便无法再被拾起，而珍珠无论在哪里都是明亮耀眼的。沙子与珍珠，要做哪一个，全在于你自己。

有一个自以为是的年轻人，毕业以后一直找不到理想的工作，他觉得自己怀才不遇，对社会感到非常失望。痛苦绝望之下，他来到大海边，打算就此结束自己的生命。这时，正好有一个老人从这里走过。老人问他为什么要走绝路，他说自己不能得到社会的承认，没有人欣赏并且重用他。老人从脚下的沙滩上捡起一粒沙子，让年轻人看了看，然后就随便地扔在地上，对年轻人说："请你把我刚才扔在地上的那粒沙子捡起来。""这根本不可能！"年轻人说。老人没有说话，接着又从自己的口袋里掏出一颗晶莹剔透的珍珠，也是随便扔在了地上，然后对年轻人说："你能不能把这个珍珠捡起来呢？""当然可以！"听到年轻人的回答，老人点点头，转身走了。因为他相信这个年轻人虽然拾不起那粒沙子了，但会收起自杀的念头。

在困难面前，人们很少检讨自己的行为，而是总在抱怨"千里马常有，而伯乐不常有"；总会认为自己是有才而无用武之地，却很少问一问自己，自己是一粒沙子还是一颗珍珠。沙子总会被淹没，而珍珠无论在哪里都会光彩照人。有的时候，你必须知道你自己是一粒普通的沙粒，而不是价值连城的珍珠；若要使自己卓越出众，那就要努力使自己成为一颗珍珠。

学会使用非暴力沟通进行自我宽恕

当刘翔从北京奥运会赛场上退下来的时候，他说，下一次一定会做得很好；当程菲因为一个动作出现失误的时候，她说，下一次会吸取教训。尽管因为没有注意到自己的伤而导致不能坚持到最后，但是刘翔没有一直活在悔恨之中，而是鼓足了勇气面对未来的路；尽管练习了多次的动作没能发挥到最好，但是程菲也没有抓住自己过去所犯的错误不放，而是在总结了经验之后，期待另一次精彩的绽放。

可是，在生活中，有太多的人喜欢抓住自己的错误不放：没能抓住发展的机遇，就一直怨恨自己的不具慧眼；因为粗心而算错了数据，就一直抱怨自己没长大脑；做错了事情伤害到了别人，会为没有及时地道歉而自责很久……

人生一世，花开一季，谁都想让此生了无遗憾，谁都想让自己所做的每一件事都正确，从而达到自己预期的目的。可这只能是一种美好的幻想。人不可能不做错事，不可能不走弯路。做了错事，走了弯路之后，有谴责自己的情绪是很正常的，这是一种自我反省，是自我解剖与改正的前奏曲，正因为有了这种"积极的谴责"，我们才会在以后的人生之路上走得更好、更稳。但是，如果你抓住后悔不放，或羞愧万分，一蹶不振；或自惭形秽，自暴自弃，那么你的这种做法就是愚人之举了。

卓根·朱达是哥本哈根大学的学生。有一年暑假，他去做了导游。因为他总是乐于帮助游客，因此几个芝加哥来的游客就邀请他去华盛顿观光。

卓根抵达华盛顿以后就住进威乐饭店，他在那里的账单已经预付过了。

当他准备就寝时，才发现由于自己的粗心大意，放在口袋里的皮夹不翼而飞。他立刻跑到柜台那里说明情况。

"我们会尽量想办法。"经理说。

第二天早上，皮夹仍然没找到。因为一时的粗心马虎，让自己孤零零一个人待在异国他乡，应该怎么办呢？他越想越是生气，越想越是懊恼，于是想到了很多办法来惩罚自己。

这样折腾了一夜之后，他突然对自己说："不行，我不能再这样一直沉浸在悔恨当中了。我要好好看看华盛顿。说不定我以后没有机会再来了，但是现在仍有宝贵的一天待在这里。好在今天晚上还有飞机到芝加哥去，一定有时间解决护照和钱的问题。"

于是他立刻动身，徒步参观了白宫和国会山，参观了几个博物馆，还爬到华盛顿纪念碑的顶端。

等他回到丹麦以后，这趟美国之旅最使他怀念的就是在华盛顿漫步的那一天——因为如果他一直抓住过去的错误不放，那么这宝贵的一天就会白白溜走。

放下过去的错误，向前看，才能有更多的收获。我们一生当中会犯很多错误，如果每一次都抓住错误不放，那么我们的人生恐怕只能在懊悔中度过。很多事情，既然已经没有办法挽回，就没有必要再去惋惜悔恨了。与其在痛苦中挣扎浪费时间，还不如重新找到一个目标，再一次奋发努力。

思想成熟者不会强迫自己做完人

莎士比亚说："聪明的人永远不会坐在那里为他们的损失而悲伤，却会很高兴地去找出办法来弥补他们的损失。"

如果你做了还感到不好，改了还感到不快，考了99分还嫌不是100分，这样刻意追求完美一定会"累"，这种情况必须要改善。

请瞧瞧你手中的"红富士"，它并不处处圆润，却甘甜润喉；再近一点儿看看牡丹，它上面也可能有一两个虫眼却贵气十足，令百花折服。花无完美，果无完美，何况人生！

思想成熟的人不会强迫自己做完人，他们允许自己犯错误，并且能采取合适的方式正确地对待自己的错误。

在这个世界上，谁都难免犯错误，即使是四条腿的大象，也有摔跤的时候。"人要不犯错误，除非他什么事也不做，而这恰好是他最基本的错误。"

反省是一种美德。不反省就不会知道自己的缺点和过失，不悔悟就无从改进。

但是，这种因悔悟而责备自己的行为应该适可而止。在你已经知错、决定下次不再犯的时候，就是停止后悔的最好的时候。然后，你就应该摆脱这悔恨的纠缠，使自己有心情去做别的事。如果悔恨的心情一直无法摆脱，而你一直苛责自己，懊恼不止，那就可能会形成一种病态了。

你不能让病态的心情持续。你必须了解它是病态，一旦精神遭受太多折磨，有产生异状的可能，那就严重了。

所以，当你知道悔恨与自责过分了的时候，要相信自己能够控制自己，告诉自己"赶快停止对自己的苛责，因为这是一种病态"。为避免病态进一步加深，要尽量使自己摆脱它的困扰。这种自我控制的力量是否能够发挥，决定着一个人的精神是否健全。

人人都可能做错事，做了错事而不知悔改，那是不对的；知道悔改，即为好人。所谓放下屠刀，立地成佛，过去的既已无可挽回，那么只有以后坚决行善才可以补偿。每个人都有缺点，这就是为什么我们要受教育的原因。教育使我们有能力认识自己的缺点并加以改正，这就是进步。但在知道随时发现自己的缺点并随时改正之外，更要注意建立自己的自信，保护自己的自尊。

有人一旦犯了错误，就觉得自己样样不如人，由自责产生自卑，由于自卑而更容易受到打击。经不起小小过失的考验，受到了外界一点点轻侮或因为任何一件小事的打击，都会痛苦不已。

一个人缺少了自信，就容易对周围环境产生怀疑与戒备，所谓"天下本无事，庸人自扰之"。

面对这种无事自扰的心境，最好的方法是努力进修，勤于做事，使自己因有进步而增加自信，因工作有成绩而增加对前途的希望，不再向后做无益的回顾。

进德与修业，能建立一个人的自信心和荣誉感。对自己偶尔的小错误、小疏忽，不要过分苛责。

自尊心人人都有，但没有自信做基础，就会使人变得偏激狂傲或神经过敏，以致对环境产生敌视与不合作的态度。要满足自尊心，应多充实自己，使自己减少"不如人"的可能性，增加对自己的信心。

做好人的愿望当然值得鼓励，但不必好到一切迁就别人，凡事委屈自己，更不能希望自己好到没有一丝缺点，甚至发现缺点就拼命"修理"自己。一个健全的好人应该是该做就做，想说就说，如果自己偶有过失，也能潇洒地承认："这次错了，下次改过就是。"不必把一个污点放大为全身的不是。

看到自己的劣势，但别抓住不放

每个人都有自己的缺点和不足，如果一味地抓住不放，就只能生活在自卑的愁云里。

王璇就是这样。她本来是一个活泼开朗的女孩，竟然被自卑折磨得一塌糊涂。王璇毕业于某著名语言大学，在一家大型的日本公司上班。大学期间的王璇是一个十分自信、从容的女孩。她的学习成绩在班级里名列前茅，她也是男孩们追逐的焦点。然而，最近王璇的大学同学惊讶地发现，王璇变了，原先活泼可爱的她像换了一个人似的，不但变得羞羞答答，甚至其行为也变得畏首畏尾，而且说起话来、干起事来都显得特别不自信，和大学时判若两人。每天上班前，她会为了穿衣打扮花上整整两个小时的时间。

　　为此她不惜少睡两个小时。她之所以这么做，是怕自己打扮不好，遭到同事或上司的取笑。在工作中，她更是战战兢兢、小心翼翼，甚至到了谨小慎微的地步。

　　原来到日本公司上班后，王璇发现日本人的服饰及举止显得十分高贵及严肃，让她觉得自己土气十足，上不了台面。于是她对自己的服装及饰物产生了深深的厌恶。第二天，她就跑到商场去了。可是，由于还没有发工资，她买不起那些名牌服装，只能悻悻地回来了。在公司的第一个月，王璇是低着头度过的。她不敢抬头看别人穿的名牌服装，因为一看，她就会觉得自己穷酸。那些日本女人或早于她进入这家公司的中国女人大多有一流的品牌服饰，而自己呢，竟然还是一副穷学生样。每当这样比较时，她便感到无地自容，她觉得自己就是混入天鹅群里的丑小鸭，心里充满了自卑。

服饰还是小事，令王璇更觉得抬不起头来的是她的同事们平时用的香水都是洋货。她们所到之处，处处清香飘逸，而王璇自己用的却是廉价的香水。女人与女人之间，聊的无非是生活上的琐碎小事，无非就是衣服、化妆品、首饰，等等。而关于这些，王璇几乎什么话都没有。这样，她在同事中间就显得十分孤独。

在工作中，王璇也觉得很不如意。由于刚踏上工作岗位，工作效率不是很高，不能及时完成上司交给的任务，有时难免受到批评，这让王璇更加拘束和不安，甚至开始怀疑自己的能力。

此外，王璇刚进公司的时候，她还要负责做清洁工作。看着同事们悠然自得的样子，她就觉得自己与清洁工无异，这更加深了她的自卑感……

像王璇这样的自卑者，总是一味地轻视自己，总感到自己这也不行，那也不行，什么也比不上别人。害怕正面接触别人的优点，回避自己的弱项，这种情绪一旦占据内心，就会使自己对什么都提不起精神，犹豫、忧郁、烦恼、焦虑也纷至沓来。

每一个事物、每一个人都有其优势，都有其存在的价值。劣势是在所难免的，当我们看到它的时候，只要用心去改正和调整就可以了，没必要总是抓着它不放，这样既影响自己的心情，又阻碍未来的发展。

愉悦自己，才是真正地爱自己

在遭遇困苦时，乐观的人总会努力想办法让自己快乐起来，让精神的伤痛远离自己。愉悦自己，才是真正地爱自己。

由于经济破产和从小落下的残疾，人生对基尔来说已索然无味了。

在一个晴朗的日子，基尔找到了牧师。牧师耐心听完了基尔的倾诉，对基尔说："让我给你看样东西。"他向窗外指去。那是一排高大的枫树，在枫树间悬吊着一些陈旧的粗绳索。他说："60 年以前，这里的庄园主种下这些树，他在树间牵拉了许多粗绳索。对于嫩弱的幼树，这太残酷了，因为创伤是终生的。有些树面对残忍现实，能与命运抗争，而另一些树消极地诅咒命运，结果就完全不同了。眼前这棵粗壮的枫树看不出有什么疤痕，人们所看到的只是绳索穿过树干——几乎像钻了一个洞似的，这真是一个奇迹。"

"关于这些树，我想过许多。"他说，"只有强大的生命力才可能战胜像绳索带来的那样终生的创伤，而不是自己毁掉这宝贵的生命。对于人，有很多解忧的方法。在痛苦的时候，找个朋友倾诉，找些活儿干。对待不幸，要有一个清醒而客观的全面认识，尽量抛掉那些怨恨、妒忌等情感负担。有一点也

非暴力沟通心理学
——用非暴力沟通化解冲突

许是最重要的，也是最困难的：你应尽一切努力愉悦自己，真正地爱自己。"

越过障碍，突破挫折困苦，乐观的人总有他自己的方法。

1. 转移不良的情绪

碰到不顺心的事情或在家中与亲属发生争吵，不妨暂时离开现场，换个环境，或者同别人去聊天，或者参加一些文体活动，娱乐一下。总之，可以先把注意力转移到别的方面去。只有把原来的不良情绪冲淡以至赶走，才能重新恢复心情的平静和稳定。

2. 憧憬美好未来

只有经常憧憬美好的未来，才能始终保持奋发进取的精神状态。不管命运把自己抛向何方，都应该泰然处之。不管现实如何残酷，都应该始终相信困难即将被克服，曙光就在前头，相信未来会更加美好。

3. 忆苦思甜

在人生的旅途中，有时荆棘丛生，有时铺满鲜花，有时忧心如焚，有时其乐融融。对此应进行精心的筛选，不能让那些悲哀、凄凉、恐惧、忧虑、彷徨的心境困扰着我们。对那些幸福、美好、快乐的往事要常常回忆，以便在心中泛起层层涟漪，激发我们去开拓未来；对那些不愉快的事情、诸多的烦恼则尽量要从头脑中抹掉，切不可让阴影笼罩心头，失去前进的动力。

4. 积极地自我暗示

可以对着镜子里的自己说："我是最棒的！我一定会成功！"

5. 宽待自己

学会宽待自己是一件非常重要的事情。学会宽待自己就要允许自己犯错误，"金无足赤，人无完人"，谁能一辈子不犯错误？在总结教训之余，要安慰自己，即使是由于自身的原因导致的错误也不要对自己责备太严，要学会宽待自己，经常对自己说："过去的就让它过去吧，一切从头开始。"只有这样才能形成正确的心态，才能够乐观地生活下去。

从现在起，不再对自己进行否定

英国著名社会改革家塞缪尔·斯迈尔斯认为，一个人必须养成肯定事物的习惯。如果不能做到这一点，即使潜在意识能产生更好的作用，仍旧无法实现愿望。与肯定性的思考相对的，就是否定性的思考，凡事以积极的方式看待即是肯定，而以消极的方式看待则是否定。

人类的思考容易向否定的方向发展，所以肯定思考的价值愈发重要。如果经常抱着否定的想法，必然无法期望理想人生的降临。有些人嘴里硬说没有这种想法，事实上已经受到潜在意识的不良影响了。

有些人经常否定自己，"凡事我都做不好""人生毫无意义可言，整个世界只是黑暗""过去屡屡失败，这次也必然失败""没

非暴力沟通心理学
——用非暴力沟通化解冲突

有人肯和我结婚""我是个不善于交际的人"……持这类想法的人，生活往往不快乐。

当我们问及此种想法由何产生，得到的回答多半是："这是认清事实的结果。"尤其是忧郁者，他们会异口同声地说："我想那是出于不安与忧虑吧！我也拿自己没办法。"然而，换一个角度去想，现实并不如你所想象的那么糟，例如有些人会想："我虽然一无是处，但也过得自得其乐，不是吗？"

肯定自我，有乐观而积极的想法，你才会找到新的人生方向和意义。诸如失恋、失业之类的残酷事实，有时会不可避免地发生，但千万不要因此而绝望地否定自己，从此一蹶不振。肯定思考不涉及任何意念智慧的高低，而全赖思考的层面而定，亦即对于事物所思考的结果。

当人处于绝望状态时，更应肯定思考，如在人生遭遇悲惨的时刻告诉自己："与其呼天唤地，不如以积极的态度来面对。"

两兄弟相伴去遥远的地方寻找人生的幸福和快乐。他们一路上风餐露宿，在即将到达目的地的时候，遇到了一条风急浪高的大河，而河的彼岸就是幸福和快乐的天堂。关于如何渡过这条河，两个人产生了不同的意见。哥哥建议采伐附近的树木造成一条木船渡过河去，弟弟则认为无论哪种办法都不可能渡得了这条河，与其自寻死路，不如等这条河流干了，再轻轻松松地走过去。

于是，建议造船的哥哥每天砍伐树木，辛苦而积极地制造木船，同时也学会了游泳；而弟弟则每天躺在床上睡觉，然后到河边观察河水流干了没有。直到有一天，已经造好船的哥哥准备扬帆，弟弟还在讥笑他的愚蠢。

不过，哥哥并不生气，临走前只对弟弟说了一句话："你没有去做这件事，怎么知道它不会成功呢？"

能想到等河水流干了再过河，这确实是一个"伟大"的创意，可惜这是个注定永远失败的创意。这条大河终究没有干枯，而造船的哥哥经过一番风浪最终到达彼岸。两人后来在这条河的两岸定居了下来，也都有了自己的子孙后代。河的一边叫幸福和快乐的沃土，生活着一群我们称之为积极思考的人；河的另一边叫失败和失落的荒地，生活着一群我们称之为消极空虚的人。

积极和消极这两种截然相反的心态会带给人们巨大的反差。如果以消极的态度来对待一件事，这就决定了你不能出色地完成任务；只有以积极的态度来对待，你才能出色地、超乎寻常地完成这件事。当然，持有消极心态的人并非完全不能转变成一个具有积极心态的人。

总之，任何事物都有两面性，至于我们所知所欲的境地，其实都是基于自己将意愿刻印在潜意识中的结果。如果对此一味悲哀，或无所适从，不但无法改变目前状况，也很难实现人生理想。所以说，即使身处绝境，仍应保持肯定的思考态度，积极的思考能使你集中所有的精力去成就一番事业。

第八章

寻求帮助的最佳打开方式：

真诚地请求，而不是冷酷地要求

求人帮助前，说别人认同的话

要想说让别人认同的话，就要时刻关心对方的需要，并且想方设法地满足对方的这种需要。只有立足于对方的需要，才能说出对方认同的话。

假如你丢了钱包，身无分文，向路人求助时，很容易想象出他们脸上惊讶、害怕甚至有点怀疑的表情。在这个信任有些许缺失的年代，我们很难相信一个陌生人的求助。所以，如果要获得他人的帮助，必须先要获得他人的认同。

亨廷顿曾指出，不同民族的人们常以对他们来说最有意义的事物来回答"我们是谁"，即用"祖先、宗教、语言、历史、价值、习俗和体制来界定自己"，并以某种象征物作为标志来表示自己的文化认同。在这里，认同指的不仅仅是文化和民族方面的认同，更重要的是信任感。如果他人对你连起码的认知和信任都没有，又怎么会帮助你呢？

战国时，水工郑国受韩国派遣，到秦国探听情报，不料被秦国逮捕，准备处置。行刑前，郑国要求参见秦王嬴政。他身带重镣，被带到秦廷。秦王嬴政喝问："奸细郑国，你承认有罪吗？"郑国说："是的，我的确是韩国派来的奸细。我建议您兴修水利，确实是为了消耗秦国的民力，延缓韩国被吞并的时间。然而兴修水利，难道不是对秦国万分有利吗？"秦王嬴政想了想，觉得此言确实有理，郑国又说："现在，关中水利工程即将竣工，何不让我将它完成，以造福万民呢？"秦王嬴政沉吟半晌，终于同意了他的要求。在郑国的主持下，一项伟大的水利工程郑国渠终于完成了。

秦王嬴政的残暴是闻名于世的，想在他的刀口下活命都不容易，更何况得到他的支持？但由于郑国抓住了他的心理，取得了嬴政的认同，才能打动他的心，这样不仅保住了性命，还得以完成自己心目中的伟大工程。

信任感是认同的基础。如何获得他人的信任和认同呢？以下几点可供借鉴：

注意提升自我修养，善于自我克制；做事必须诚恳认真，建立起良好的名誉；应该随时设法纠正自己的缺点；行动要忠实可靠，做到言而有信，与人交易时必须诚实无欺，这是获得他人信任的最重要条件。

勤奋刻苦，脚踏实地。夸夸其谈的人给人以不安全感，说得好不如做得好。时间一长，你的浮夸将被人看穿，恐怕肯向你伸出援助之手的人也就对你敬而远之了。

很多人能获得成功靠的就是获得他人的信任。今天，仍然有许多人对于获得他人的信任一事漫不经心、不以为意，不肯在这一方面花心血和精力。这种人可能用不了多久就要失败。

要获得他人的信任，除了要有正直诚实的品格外，还要有敏捷、正确的做事习惯。即使是一个资本雄厚的人，如果做事优柔寡断、头脑不清、缺乏敏捷的手腕和果断的决策能力，那么他的信用仍然维持不住。一个人一旦失信于人一次，别人就很难再愿意和他交往或发生贸易往来了。

人类仿佛有一种共同的心理，那就是如果有人能使我们感到高兴喜悦，即使事情与我们的心愿稍有相悖也不太要紧。求人帮助时，你要学会抓住别人感情的弱点，与别人产生共鸣，只有这样，你的求助才能达到预期的结果。其实一件事情，能做的人是很多的，但智商水平很高的人却往往做不了，原因在于他们过于相信自己的智力，而忽略了对方的感情。

能博得他人的欢心，获得他人的信任，是求人帮助时必不可少的。要想做到这一点，首先一条就是要有一种令人愉悦的态度，脸上带着笑容，行动轻松活泼。如果你心中对别人有好意，但人们从你的脸上看不到一点快乐，那么谁也不会对你产生好感。

软话更容易催人行动

倘若你能够站在别人的立场上，设身处地为对方着想，全面分析双方的利弊得失，适时地说一些软话，那么你便能够成功地

非暴力沟通心理学
——用非暴力沟通化解冲突

打动对方，从而达到自己的目的。

由于说话态度不同，语言既可以成为建立和谐人际关系的强有力的工具，也可以成为刺伤别人的利刃。语言可以表现出一个人的人格。即使是说话比较笨拙的人，只要发自内心地关怀对方的心情，这种感情就能在话语间充分流露出来。相反，如果没有发自内心的关怀的心情，即使用再多华丽的语言，也会被对方看穿。所以满怀真诚是最重要的。

在洽谈生意或求人办事时，应用真诚的态度说话，这样容易招人喜欢，被人接纳。入情入理的话，一方面显示说服者坦诚的态度；另一方面又尊重对方并为对方着想。这样无论在交易原则上，还是在人的情感上都达成了沟通，扩大了双方的共识，促使合作成功。

松下幸之助推销产品时碰到了一位杀价高手。他告诉对方："我的工厂是家小厂。夏天，工人在炽热的铁板上加工制作产品。大家汗流浃背，努力工作，好不容易制出了产品，依照正常利润的计算方法，应当是以每件××元承购。"

对方一直盯着他的脸，认真地听他说话。当松下幸之助说完之后，对方展颜一笑说道："哎呀，我可服了你了，卖方在讨价还价的时候，总会说出种种不同的话。但是你说得很不一样，句句都在情理之中。"

松下幸之助为什么会成功呢？其实，这在于他真诚的说话态度。他强调自己是依照正常的利润计算方法确定价格的。自己并无贪图非分之财之意，同时也暗示对方无讨价还价的余地。这就使对方调整角度，与自己达成共识。

松下幸之助是一个煽情高手，他的语言充满了情感。他描绘了工人劳作的艰辛，创业的艰难，劳动的不易，语言朴素、形象、生动，语气真挚、自然，唤起了对方的深切同情。正如对方所说的，松下幸之助的话"句句都在情理之中"，接受其要求自在意料之中。

一个人是成功还是失败，一个人的命运是一帆风顺还是曲折不断，跟他的处世方式有着极大的关系。只要你会说话，将说话与处世的方法有机地结合在一起，就能建立良好的人际关系。真诚说话不应是一种技巧，而应是人在社会上的立身之本，在这种情况下，说出的每句话都闪烁着朴实的光泽，易于被人接受。

我们在与人交谈时，必须秉持着一颗至诚的心，不要流于巧言令色、油嘴滑舌，要根据时间、场所和对象的不同，将自己最好的一面表达出来，如此才能建立良好的人际关系，使自己融入群体之中。

许多年以来，奈佛先生一直想把燃料卖给一家大连锁店。但是这家连锁店一直从外地购买燃料，运货时正好从奈佛先生办公室的门口经过。奈佛先生有一天在卡耐基的课堂上大发劳骚，并大骂这家连锁店。

当他向卡耐基说出自己的心事后，卡耐基建议他改变战略。首先，他们准备在课堂上举行一次辩论会，主题就是连锁店的广布，对国家害多益少。于是卡耐基建议奈佛先生加入反方，他同意了。由于要为连锁店辩护，奈佛便去拜访他原本瞧不起的连锁店经理，告诉他"我不是来推销燃料的，我来找你们帮个忙"。他说清来意后还特别强调："我来找你，是因为我想不出还有其他人更能提供给我事实。我很希望能赢得这场辩论，无论你提供什么给我，我都十分感激。"

奈佛先生后来回忆说："我原先只要求这位经理拿出一点时间，他这才同意见我。当我把事实说出之后，他指着一张椅子要我坐下，我们聊了一个多钟头。他还请来另一位主管——这位先生写过一本有关连锁店的专论。他觉得连锁店提供了最真实的服务，他也以自己能够为许多社区服务为荣。当他侃侃而谈的时候，两眼发亮，我也不得不承认他的确让我明白了许多事。他改变了我的整个心态。"

"在我离去的时候，经理陪我走到门口，用手揽住我的肩膀，祝我辩论得胜，并且让我再去看他，让他知道辩论的结果。最后，他对我说，'春天来的时候请再来看我，我很愿意向你买些燃料。'这真是奇迹，他居然主动提起买燃料的事。由于我对他们连锁店的关心，使他也转而关心我的产品。在这两个钟头里，我达成了十年来未能达成的目标。"

求助时，要避免过于功利的话语

求人帮助时，要斟酌好说什么样的话，尤其是向亲朋好友求助时，说话更要避免过于功利化。

人在社会上不可能孤立地生存，我们有亲人、朋友、同事，有千丝万缕的人际关系，同样，我们有欢乐、痛苦，我们奉献爱心，有时也需要别人的帮助。向他人寻求帮助，不要显得太功利，否则会惹人反感。试想，如果一个很久未与你联系的同事，突然打电话请你帮他贷笔巨款，恐怕你感到的不仅是为难，还有极大的不悦吧？

俗话说："在家靠父母，出门靠朋友。"多一个朋友多一条路。要想人爱己，己须先爱人。时刻存有乐善好施、成人之美的心思，才能为自己多储存些人情的"债权"。这就如同一个人为防不测，须养成储蓄的习惯，这甚至会让子孙后代也得到好处。

有人说，人生如戏，工作单位是一个大舞台，演戏的人不仅要台上功夫过硬，台下也少不了查漏补缺，打点准备。只有台上台下配合默契、相得益彰，才能真正获得掌声与喝彩。很多"走红"的"演员"常会利用舞台外的时间活动活动，希望回到台上后可以讨些好处。

中国人常爱说无事不登三宝殿，言外之意是有事相求。其实

非暴力沟通心理学
——用非暴力沟通化解冲突

这正是台下功夫不到家的一个明显例子。会唱台下戏的人常常无事也登三宝殿，平日很注意与人保持联系——哪怕是一个电话也好，让别人知道，他人在自己心目中占有一席之地。如果非到有事才找人，未免显得太过功利主义，也会惹人反感。8 小时之外常到同事家做做客以加强联系、沟通，看来还是必要的，但要把握一定的分寸，懂得做客的学问。

在一次会议上，小王邂逅了一位久未谋面的老朋友。休会期间，他们热情地攀谈起来。聊着聊着，小王不禁对他抱怨起来："我打过很多次你的手机，但一直都是停机。你也是，这么长时间，怎么也不跟我联系？"朋友嘿嘿一笑，从嘴里蹦出四个字："又没啥事。"

后来，小王接到了这位朋友的电话，心中一阵惊喜。电话接通后，朋友一开口便要请小王帮他推销产品。说了一大套关于产品的介绍之后，朋友又开始给小王开出所谓的好处费。小王也并非不知道朋友多了路好走的道理，但就是这个电话，把他们的友谊击得粉碎。

这个故事就很说明问题，不要在需要帮助的时候才想起别人，朋友不是一日交的，关系不是一日确立的。

暗中智取，让他人无法拒绝

学会说话，才有可能使他人无法拒绝我们的请求。

一个法律系的教授告诉他的学生："当你盘问证人席的嫌犯时，不要问事先不知道答案的问题。"辩护律师如果不事先知道答案就盘问证人，会为他自己惹来很多麻烦，同样的情形也发生在向人求助时。因此，绝对不要问只有"是"与"否"两个答案的问题，除非你十分肯定答案是"是"。

例如，金牌销售不会问客户："你想买双门轿车吗？"他会这样说："你想要双门轿车还是四门轿车？"

如果你用后面这种二选一的问题，你的客户就无法拒绝你。相反，如果你用前面的问法，客户很可能会对你说"不"。下面有几个二选一的问题：

"你喜欢 3 月 1 号还是 3 月 8 号交货？"

"发票寄给你还是你的秘书？"

"你要用信用卡还是现金付账？"

"你要红色还是蓝色的汽车？"

"你要用货运还是空运？"

面对这样的提问，无论客户选择哪个答案，业务员都可以顺利做成一笔生意。你可以站在客户的立场来想这些问题。如果你告诉业务员你想要蓝色的车子、你会开票付款、你希望 3 月 8 日请货运送到你家之后，就很难开口说："哦，我没说我今天就要买。我得考虑一下。"

养成经常这样说的好习惯："难道你不同意……"这样，在求助别人，想要借别人的力量成我们的事时，我们就可以脱口说出这样的话，让对方难以拒绝。

例如："难道你不同意这是一部漂亮的车子？""难道你不同意这块地可以看到壮观的海景？""难道你不同意你试穿的这件貂皮大衣非常暖和？""难道你不同意这价钱表示它有特殊的价值？"

此外，当客户赞同你的意见时，也会衍生出肯定的回应。

其实，在进行推销时，如果能及时问些需要客户同意的问题，将会产生特别的效果。

当某家的先生、太太和十二个小孩共乘一辆车子上街买东西时，一位汽车的推销员问这位太太："遥控锁是不是最适合你家？"她通常会同意销售员的看法。

销售员继续说："我打赌你也喜欢四门车。"因为他们是个大家庭，他知道他们只能考虑四门车。而太太会说："哦，是的，我只会买四门车。"在一连串对车子性能的探讨之后，这位先生猜想他太太有意买车，因为她对销售员的看法一直表示赞同。

如果你面对的是两个以上的客户或一群生意人，先说服有支配权的那个人，是非常有效的方法。如此一来，其他人也会跟着点头同意。

其实，你在分析判断谁才是这群人的"领导者"之前，你就应该掂量掂量每个人的分量。一般情况下，他是唯一一个你需要说服的人。当你说服了他时，那么你的生意也就算成功了。

迂回委婉地说出你的需求

即使你向别人提出的要求是正当的，也要有技巧地、迂回委婉地说出来，这样才会让他人更容易接受。

即使你向别人提出的要求是正当的，你也得讲究时机和技巧，不然将不会被人重视，甚至被理解为无理取闹。如果你认为你的薪水与你的能力没有成正比，想让你的老板给你加薪，你会用什么样的方法提出自己的想法呢？你会随随便便地提出要求吗？聪明的你肯定不会这样做。有技巧地说出自己的要求，才会让他人更容易接受。

乔治是华盛顿储蓄银行的一名出纳，他就是采用迂回的方法挽回了一位差点丢失的顾客。

乔治说，有位年轻人走进来要开个户头，他递给年轻人几份表格，但他断然拒绝填写有些方面的资料。他从一开始就决定诱使年轻人回答"是，是的"，于是，他先同意年轻人的观点，告

非暴力沟通心理学
——用非暴力沟通化解冲突

诉他，那些他所拒绝回答的资料，其实并非非写不可。

"但是，假如你碰到什么意外，是不是愿意银行把钱转给你所指定的亲人？"

"当然愿意。"

"那么，你是不是认为应该把这位亲人的名字告诉我们，以便我们届时能够依照你的意思处理，而不致出错或者拖延？"

年轻人再一次回答道："是的。"

这个时候，他的态度已经缓和下来，知道这些资料并非仅仅为了银行而留，而是为了他个人的利益。所以，他不仅填写了所有资料，而且在乔治的建议下开了一个信托账户，指定他母亲为法定受益人。当然，他也填写了所有与他母亲相关的资料。

在这个故事中，聪明的乔治一开始就让客户回答"是，是的"，这样反而使客户忘了原本问题的所在，而高高兴兴地去做他建议的所有事情。所以，我们得到他人越多的"是"，就越能为自己的意见争取主动权。推销商品也好，其他一切需要他人信服、支持的事情也罢，这一法则是很有效的。

曾经有一位年仅 25 岁的法国将军竟然能够使衣衫褴褛、饥肠辘辘的意大利军队听命于他。这到底是怎么回事呢？起初，他抓住了士兵们对衣食上的迫切需求，鼓励他们："我将把你们从这个衣不蔽体、食不果腹的世界带到一个最富足的地方去，在那儿，你可以看到繁华的城市和富饶的乡村，你们可以过上衣食无忧、逍遥自在的生活。"在占领了一个重要城市之后，他又改变了说法，这时，他转而在士兵们的自尊心上下功夫，用热烈而优美的词句赞美他的士兵："你们是历史的创造者，当你们荣归故里时，你们的乡亲会热情地指着你们说，看，他曾经服役于那伟大的英勇的意大利军队。"由于他总能够把军事计划和士兵们的欲望紧紧地联系起来，所以他的军队一直都支持他、效忠于他，英勇作战，义无反顾。他就是拿破仑·波拿巴。

所以，当我们想要借助别人的力量时，如果不知道如何才能说服对方支持你，也没有想过要了解他的兴趣和思想，他怎么会支持和帮助你呢？请不要毫无准备地闯入他的办公室，这种做法是非常不明智的，你不如在他的办公室外先考虑几个小时，然后再去敲门。

谈判专家之所以能解决棘手的问题，是因为他懂得有技巧地表达自己的意图；销售大王之所以能取得好的业绩，是因为他懂得有技巧地沟通。听听销售大王的经验——销售人员与客户之间的沟通有时表现为相互进攻，有时表现为各自坚守阵地，更多的时候，是进攻与防守的结合运用。

例如销售人员说："如果购买量达不到100箱的话，那就不能享受八折优惠。"（"100箱的销售量"属于进攻行为，"八折优惠"为防守策略）客户说："如果这种产品的价格不能享受七折优惠的话，那我就只能选择其他产品。"（"七折优惠"是进攻行为，"不购买产品"为防守策略）

在进攻与防守策略灵活运用的各个沟通环节当中，销售人员应该学会掌控整个局面，而不要让自己围着客户提出的种种条件团团转。要想掌控全局，在每次与客户沟通的过程中，销售人员都需要在关键问题上事先确定一个合理的底线，比如，产品价格不能低于多少、不符合某种购买条件时不提供某种免费服务、客户最晚不能超过多长时间付清货款等。

　　洛杉机获得了第 23 届奥运会的主办权，而一项重任也就此落到了彼得·尤伯罗斯身上。他面临着一个非常重要的问题：必须把奥运会有关项目的赞助权销售出去，才能获得资金筹备奥运会。彼得·尤伯罗斯担心的事情是：如果这些赞助权不能被成功销售出去，或者销售费用太低，那么洛杉矶奥运会的顺利举行将会受到严重掣肘。为此，饮料业赞助商投标时，尤伯罗斯设置了自己的最低心理底线——400 万美元；媒体行业的电视转播权投标时，他又定了 2 亿美元的天价。在当时，这些价格都是前所未有的，当得知尤伯罗斯确定这样的价格底线时，很多商家都表示坚决要退避三舍。然而，尤伯罗斯知道很多商家的声明都是一种策略，没有一个商家不希望自己能够获得奥运会的赞助权，只要他们有这样的实力，就一定会认真考虑的。

　　就这样，尤伯罗斯一次又一次地与各个行业的巨头在谈判桌上进行沟通，他游刃有余地周旋于各大商业巨头中间，和商业巨头们展开了形式多样的沟通和交流，而且他表现得相当灵活。但是每当涉及投标价格的讨论时，尤伯罗斯都表现得相当坚决，到后来，他甚至在价格方面已经不做任何解释了。

当尤伯罗斯在价格问题上几缄其口之时，各大商业巨头之间展开了明争暗斗。结果，尤伯罗斯从可口可乐公司那里得到了1260万美元，从美国广播公司那里得到了2.25亿美元。

在商场中，当你与他人进行谈判时，可以考虑尤伯罗斯的做法——确定合理的底线，进攻和防守兼而有之。向老板提出加薪也是同样的道理，要在适当的时间说适当的话。

第一次世界大战后，美国总统威尔逊为了重建国际新秩序、组织国联而游说欧洲各国。他来到了法国，他非常清楚地知道要说服法国这个欧洲大陆的第一强国，就得先说服绰号"法国老虎"的克里蒙梭。要让他同意国联的计划十分艰难，但威尔逊在经过深思熟虑后，还是决定与克里蒙梭会晤。在交谈中，威尔逊首先提出了海洋自由的问题，因为这个问题是法国当时急需解决的问题，接着他就提出了国联的计划，这个计划能够解决海洋自由的问题。结果，克里蒙梭对组织国联的计划十分感兴趣，后来他终于支持成立国联。威尔逊之所以能够赢得"法国老虎"的支持，原因就在于他告诉克里蒙梭国联可以满足他的某种需要。

在出席一个集会之前，我们会不会总是先考虑自己应该说些什么话？我们是否应该顺着对方的兴趣来表达自己的意见？是否能够顾及到他的需求？

在向上级汇报时，在见一位顾客之前，在与一个同事交谈之前，在召见一个下属之前，有多少人会真正考虑过对方的立场呢？孔子的学生子贡曾经问他："有没有一个字可以作为终生奉行不渝的法则呢？"孔子回答："其恕乎！己所不欲，勿施于人。"
这里的恕是凡事替别人着想的意思。自己不喜欢做的事，不要加
在别人身上。我们可以把这句话看成为人处世的基本修养，如果
你能够做到这一点，那么便可以建立良好的人际关系。恕的核心
是用以己度人、推己及人的方式处理问题。这样可以营造一种重
大局、尚信义、不计前嫌、不报私仇的氛围，成就双方宽广而又
仁爱的胸怀。其实，对于日常生活小事的处理，又何尝不是如此
呢？按照"己所不欲，勿施于人"的原则，反求诸己，推己及人，
往往会有皆大欢喜的结果。

　　有句话是这样说的：人同此心，心同此理。人们的思想总是
有着某种共同的规律的，在努力获得他人支持的过程中，积极发
掘这种共同的规律，寻找事物的关联之处，先自觉地解剖自己，
再由己及人，以求得双方在思想上的共鸣。若要人敬己，必先己
敬人，你敬人一尺，人敬你一丈。人际交往就是有这样的互补性
报偿，只有尽可能地尊重一个人，才能尽可能地要求一个人。

　　如果你求人办事，用尽了各种招数却仍遭到别人的拒绝，此
时你应该怎么办呢？

　　不要过分坚持。

　　对方既已拒绝，必有原因，如果过分坚持自己的要求，不但
会使对方为难，而且也会使自己陷于进退两难的境地。

　　不要过分追究原因。的确，任何人都想知道被拒绝的原因，
但是如果非问清原因不可，可能会破坏双方感情。

做任何事，眼光都要放长远，心胸都要宽广。

真挚的友情是长期建立起来的，也能经得起漫长岁月的考验。如果求之于人时，一好百好；事成之后，过河拆桥，一锤子买卖，友谊哪能长久？如此寡情少义，关键时刻，又怎能奢望别人的真诚相助？

当想求他人为自己办事时，我们不要总是想着自己的利益，也应该考虑一下他人的想法和可能的回应。

关键语句让对方点头同意

求人办事，有时一大筐的求助话或许也没有一句话的威力大，因此，说关键性的话更容易让对方点头同意。

在人的一生中，有很多事情需要靠他人的帮助才能做成。在遇到急事、难事、不得不办的事情时，人们就像一个不会游泳的人掉在深水里，哪怕是一根不足以救命的稻草，也会满怀希望地一把抓住。

实际的利益比空口说教更有力量。我们在求人办事时，不要有意无意地提醒人家你曾经给予过的帮助和恩惠，要以谦虚的态度讲清利益关系，具体地指出你的请求和合作对他有利的地方，从而使得对方乐意伸出援手。

在请求别人帮助之前，你一定要搞清楚别人为什么要帮助你，你凭什么能叫别人来帮助你，帮助你的人帮助你的真正目的是什么。

求人办事，必须以被求人的切身利益为准。而送礼正是一个很好的渠道，大多数中国人都经历过送礼的事，自然会认为这是理所当然的社交方式。求人办事，就要给他人一些好处，要不然心里过意不去。有了这层"赠予"关系，不仅可以获得"分外"的利益和好处，日后办事也不会有什么麻烦了。

尽管求人办事时，送礼或者给办事的人一些实际的利益能帮我们达到求助的目的，但更重要的是掌握说话的技巧。如果不懂说话的技巧，送再多的礼也不会让别人心甘情愿地为你办事，而一句关键性的能够让对方点头同意的话的威力有时比一大堆的礼物、一大堆谄媚奉承的话力量更大。

每个人都应该掌握一些求人办事的说话技巧，把自己变成一个交际高手。在求人办事的过程中，想要说服别人帮你，用语就要精炼，话不在多而在精。多则惑，少则明。尽人事，听天命，点到为止，言多必失。把每句话都说到别人的心里，这样才能达到事半功倍的效果。

我们常常听有人抱怨道："现在办个事真难！"有些人在求人办事时，既没有门路也没有关系。在现实生活中，很多人都属于这种情况。有一些人天生就不善言谈，结果总让自己活在进退不能自如的紧张和压迫之中；有些人懂得说话的艺术，有一张好嘴巴，办起事来就游刃有余。

在求人帮忙时，有的人长篇大论，滔滔不绝，以此抓住听者的心，这自然令人钦佩；然而，有的人把自己的意思浓缩成一句话，犹如一粒沉甸甸的石子，在听者平静的心湖里激起层层波浪，与前者相比，这样做更具说服性，更能让人接受。

一个真正聪明的人，常常会从人们意想不到的角度切入话题，使得对方在真心领悟之后，从心底腾起一片喜悦之情，营造出和谐的、充满意趣的氛围，这样自然就可以达到自己的目的。

人们常说："一句话说得人跳，一句话说得人笑。"可谓道出了会说话与不会说话的区别。难也罢，易也罢，归根结底一句话："话不在多而在精。"满嘴胡言，词不达意，恐怕说得再多也无济于事，反而让人生厌，说得再多别人也不会为你动容。做一个能说会道的人不是一件容易的事情，这需要技巧，只有掌握这个技巧，才能在求人帮忙时无往不胜。

需要特别强调的就是，语言表达要清晰，不要啰唆。反反复复要强调的事情，生怕对方听不明白或者漏过去，这样反而把重点冲淡了。回答问题也应该简单明了，不要喋喋不休，让求人办事的现场成为你自己的演讲论坛，别人当然不愿意帮你了。

任何事情都是人办的，但不一定任何需要办的事情都是由自己亲手操办的。所以办事的艺术也是为人的艺术。一个人若能在纷繁复杂的环境中随心所欲地驾驭人生局面，把不可能的事变为可能，最后达到成功之目的，那他就是个会办事的人，是个把握了办事分寸和艺术的人。

求人办事时，要能够准确地表达出自己的意思，每句话都能够说得合情合理，并且具有较强的说服力，这才是最为重要的。如果一个人经常词不达意，乱说一通，话说了一大堆，却没能起到效果，这样的话说再多也没有用。求人办事能否成功，关键靠你的口才。一个会说话的人，句句话都能说到别人心里，说服别人帮自己；而不会说话的人，就会显得语无伦次，表达不出自己想要表达的意思，不能很好地说服别人。

要想钓到鱼，必须给鱼儿喜欢吃的饵

常常钓鱼的人可能了解，要想钓到鱼，最重要的就是做饵料。不同的鱼有不同的喜好，给不同的鱼吃不同的饵是很重要的。这一点和人类世界的交往十分相似。要和他人建立起良好的人际关系绝非一日就可以完成。如果要吸引他人的注意，可口的"鱼饵"是必不可少的。不能不说，这是一门很深的学问。

17、18世纪，德意志一直处于四分五裂的封建割据局面。大大小小的邦国各自为政，严重阻碍了资本主义经济的发展。到19世纪前半期，普鲁士已发展成为各邦国中力量最强的一个王国，俾斯麦上台后，决心要完成统一德意志的任务。

当时，国际形势对普鲁士十分有利：俄国在克里米亚战争中遭到削弱，尚未恢复元气，而普鲁士的对头奥地利由于在战争中没有支持俄国，反和英法缔结同盟，致使战后奥俄两国关系不和，在巴尔干的矛盾加剧，因此当时不可能得到俄国的帮助。法国当时较为强大，而英国深怕拿破仑独霸欧洲，于是便支持普鲁士，牵制法国。拿破仑则希望普奥之间互相交战，准备在其两败俱伤后坐收渔利。俾斯麦认清了这种形势，决定利用欧洲强国之间矛盾的加剧，施展外交手腕，孤立敌人，各个击破。

奥地利也是德意志各邦国中力量很强的一个，明里暗里和普鲁士争夺统一的领导权。要实现统一，第一步就是要清除奥地利这个障碍。俾斯麦为孤立奥地利，使出一个高超的外交手腕，就是首先联合奥地利。1863 年末，丹麦部队开进了德意志联邦成员国荷尔斯泰因公国和北部的石勒苏益格公国。俾斯麦以此为借口，拉拢奥地利作为同盟，一方面利用其力量对丹麦作战；另一方面又可以排除普鲁士的后顾之忧。奥地利则想利用这个机会共同宰割荷尔斯泰因公国，防止普鲁士独吞，因而欣然同意出兵。战争胜利后，普鲁士占领了石勒苏益格，把荷尔斯泰因大方地送给奥地利，奥地利人欣然受之，却没有想到这正是俾斯麦抛出的钓饵。

俾斯麦在这一个"免费馅饼"的钓饵下，巧妙地布下了几只鱼钩，奥地利却未发觉：首先，联合奥地利是为了进一步孤立奥地利，一旦普鲁士转而对奥地利作战，丹麦就不会出兵援助奥地利，普鲁士也就没有了后顾之忧；其次，在丹麦战场上，俾斯麦摸清了奥地利军队的底细，从而为对奥作战时战胜对方打下基础；最后，把荷尔斯泰因分给奥地利，是为了制造对奥发起战争的借

非暴力沟通心理学
——用非暴力沟通化解冲突

口，因为荷尔斯泰因从来就不属于奥地利，也不和奥地利接壤，名义上划给奥地利，其实奥地利很难有效地对其加以统治。

和丹麦的战争刚刚结束，俾斯麦立即策划对奥地利作战。除了军事上做好周密的准备外，外交上也做了相应的准备，关键一点是要争取法国在战争中保持中立。为此，俾斯麦又使用"借花献佛"的外交手段，反复向法国暗示，在这次战争结束后，普鲁士将同意在欧洲划一定的领土给法国作为"赔偿"。法国本就想看普奥两国鹬蚌相争的好戏，戏还没开演，战利品就送上门来，当然乐得保持中立。稳住了法国后，俾斯麦又和奥地利的仇家意大利结成了攻守同盟，准备一南一北夹击奥地利。

一切准备就绪以后，俾斯麦便把荷尔斯泰因的问题提出来当作战争的借口。1866 年 6 月初，普鲁士提出，奥地利管辖的荷尔斯泰因议会单方面讨论这一地区未来的地位问题，破坏了普奥之间原有的协议。6 月 8 日，俾斯麦下令派兵进入荷尔斯泰因。奥地利当然不能容忍，便于 6 月 17 日对普鲁士宣战。俾斯麦等的就是这一天，立即同意大利一起宣布对奥作战。

我们看到，即使有时候是借来的鱼饵，只要吊足对方的胃口，鱼儿不上钩也难。

唐代京城中有位窦公，极善理财，但他却财力绵薄，难以施展赚钱本领。他在京城中四处逛荡，寻求赚钱的门路。某日来到郊外，见青山绿水，风景极美，有一座大宅院，房屋严整。一打听，原来这是一权要官宦的外宅。他来到宅院后花园墙外，见一水塘，塘水清澈，直通小河，有水进，有水出，但因无人管理，显得有点凌乱肮脏。窦公心想：生财路来了。水塘主人觉得那是块不中用的闲地，就以很低的价钱卖给了他。

窦公买到水塘，又借了些钱，请人把水塘砌成石岸，疏通了进出水道，种上莲藕，养上金鱼，围上篱笆，种上玫瑰。

第二年春，那名权臣休假在家，逛后花园时闻到花香，到花园后一看，直馋得他流口水。窦公知道鱼儿上钩了，立即将此地奉送。

这样一来，两人成了朋友。一天，窦公装作无意地谈起想到江南走走，那名权臣忙说："我给你写上几封信，让地方官吏多加照应。"窦公带着这几封信，往来于几个州县，贱买贵卖，又有官府撑腰，没几年便赚了大钱，而后又回到京师。

他久已看中了皇宫东南处的一大片低洼地。那里地势低洼，地价并不贵。窦公买到手之后，雇人从邻近高地取土填平，然后在上面建造馆驿，并极力模仿不同国度的不同房舍形式和招待方式。所以一经建成，便顾客盈门，连那些遣唐使也乐意前往。不出几年，窦公挣的钱数也数不清。

窦公为了结交官宦不惜血本下钓饵，又耐性极好，鱼儿上了钩竟然浑然不知。窦公下的饵料不但优良，而且他懂得放长线、钓大鱼。如此一来，成功也就不会遥远了。

寻求帮助时要放低姿态

虽然说求人办事要避免过于功利，但也要让能够给予我们帮助的人感受到我们的诚心，因此，适当说一些效忠的话并不是趋炎附势，更不是以利诱人。

世界上大部分人都具有同情弱小和怜悯弱者的仁慈感情，找领导办事能否获得应允，有时恰恰是这种同情心在起作用。所以，不管你平常多么自高自傲，这时候必须低下头来说软话，摆出一副低姿态。

俗话说：天下没有免费的午餐。在当今这个社会，即便不能说是人心不古，但热心人已经没有那么多了，请别人帮忙，就要让他明白帮你他将会得到什么好处。这就要求我们具有换位思考的能力，明白对方想要什么，担心什么。

试想，如果你对一个还走不稳的小宝宝说："宝宝，来，抱抱我。"他是不会愿意的。反过来，如果你说："宝宝，来让我抱抱。"结果会是怎样？想一想别人想得到什么吧。请求别人帮助的时候，只晓之以理有时是不行的，还要动之以情。

另外，在求人时，以低姿态出现只是一种表象，是为了让对方从心理上感到一种满足，使他愿意合作。学会在适当的时候保持适当的低姿态，绝不是懦弱的表现，而是一种智慧。

你需要找工作，需要调动工作，需要开拓更广泛的人际关系。在这所有的活动之中，你可能都处于一种求人的位置，处于一种必须表现为低姿态的局面之中。

职员刚入职，对于一些业务上的事情还摸不着头脑，不免要麻烦带他的主管。但怎样开口却难住了他。这个时候，不妨这样与主管沟通：

"这个事情还请您再过目一下，我怕自己出了差错，给咱们组抹黑。"

"我刚上道，还是您是行家，我得向您多学习，以后好为咱们组争优！"

这类表决心的话听起来有点假，但却能达到从侧面表达忠心的效果。因为从客观角度而言，主管本来就有义务将你培养成独当一面的人才，所以此时你多说几句表忠心的话，主管听在心里，对你的"麻烦"也就会减轻了抵触心理。

第九章

职场见证语言的力量：
非暴力沟通让你在职场更成功

怎么说话才不会引起领导的反感

当与领导有分歧时，顶撞或据理力争都会引起领导的反感。

对领导的意思，理解的要执行，不理解的也要执行，顶撞领导的事能别干就别干，除非你想另谋高就或者有顶撞领导的资本——你有不可替代的价值，公司离开了你就无法正常运行。在这种情况下，领导虽然可能恨你恨得牙根儿痒痒，但也得强忍着。但现实情况往往是，大多数人连这两项资本中的一项都不具备。那么，对这样的人来说，仅凭一股无名之火就顶撞领导，后果自然很严重。另外，通常情况下，下级顶撞上级会让大家认为该下级很不懂礼貌，而一旦该领导是个心眼小的人，日后很可能给该下级小鞋穿，让其没有好日子过。

一直以来，小许都认为自己是一个生性耿直、善良的人。他相信，世上的事没有绝对的不公平，只是自己做得还不够好，所以当他眼看着别人晋升或加薪却没有自己的份儿时，他总会这样想，是不是自己做得还不够好，对这样的事就应该抱一种祝福的态度，因为人家很努力，所以自己要更努力，才能获得晋升或加薪的机会。

于是，小许默默地、认真努力地做着自己的事。领导也总是夸奖他工作做得好，很努力很认真。因此，他总是很欣慰：自己没有白付出这么多，领导还是很认可自己的。他还想入非非：只需领导的一句话，自己就可以在同等条件的同事中脱颖而出！

　　没想到，晋升或者加薪的机会还是一直没有出现。看到别人前途美好，自己却郁郁不得志，小许的情绪忽然变得很低落。他想，要是自己做得不好，这还说得过去，可是，为什么自己这么努力，领导还是没有给自己机会呢？

　　于是，他开始反省自己，并转弯抹角地打听，才知道了自己总是得不到机会的缘由。

　　原来，小许虽然做事很认真很卖力，但是由于他性子太直了，平常有什么觉得不合理的事都要说出来，很多次还当面顶撞了领导，虽然领导当时没有表现出太大的反应，哪知全记在了心里。在能力和贡献都差不多的前提下，领导当然优先提拔了那些不顶撞自己、相对听话的下属了。

　　职场是一个看似很简单实际却很复杂的小社会。有时候它表面看起来很平静，其实下面隐藏了许多暗礁。千万不要贸然顶撞领导，即使有时候领导是在无理取闹，或者是想转嫁上级给他的压力。也许，领导这样的表现会显得没有风度，但作为下属的你，最好要忍耐一下，权当是帮助领导释放压力。在这种时候，你不用跟他讲理，也不用跟他讲你的委屈和为难之处。试想，顶撞领导，跟领导争论，赢了又如何？也许你在争吵中占了上风，但最后你输掉的很可能是你自己的前程!

小王在一家商贸公司工作。一天,公司经理与外商的谈判进行得非常不顺利,本来谈妥的事情又中途变卦。当怒气冲冲地回到办公室时,他看到办公室乱七八糟,心情更加烦躁,于是便不分青红皂白地骂起大家来。此时,小王正在不紧不慢地看报纸,以为领导是冲着他来的,加上平时他就觉得领导好像对他有成见,便心想:我工作做完了,看会儿报纸还要挨你的臭骂,真是岂有此理。于是,他便跟经理吵了起来。另一位同事连忙过来,向经理问明了情况,领导此时也冷静下来了,便连忙向大家道歉:"我心情不好,真不好意思。"

不过,往后的日子里,小王的工作就没之前那么顺利了。

领导发火时,作为下属,要么采取不理不睬的态度,要么就主动上前倾听领导的诉说,帮他分忧解愁,切不可与领导争执,那样做是极不明智的。

古往今来,下属服从领导是天经地义的事。但现实生活里,桀骜不驯之人还真不少,他们甚至都曾冲撞过领导,可事后往往又很后悔。为了避免出现类似的情况,下面两点要切记。

1. 明确位置

在工作中要明确领导与自己的位置,要虚心接受领导的教诲。当受到领导批评时,最忌当面顶撞领导。当面顶撞是最不明智的做法。你的顶撞有可能使自己下不来台,更让领导下不了台。其实,如果领导在发威时,你给他面子,事情还有挽回的余地。你能坦然大度地接受其批评，他就会在潜意识中对你产生歉疚之情或感激之情，日后说不定还会因此而施惠于你。

2. 不要纠缠

受到上级批评时，反复纠缠、争辩，希望弄个一清二楚，这是没有必要的。如果确实被误解的话，你可找机会解释一下，但要点到为止。即使领导没有为你"平反昭雪"，也完全用不着纠缠不休。那种斤斤计较型的部下，很让领导头疼，更不可能有晋升机会。

在领导面前，切勿锋芒太露

你的聪明才智得让领导知道，但在领导面前锋芒太露则不好。

有些技术人员总是喜欢用领导不懂的术语与之交谈。这样做，可能会让领导觉得你是在故意难为他，也可能会让领导觉得你的才干对他的职务将构成威胁，并产生戒备心而有意压制你，还有可能会让领导把你看成书呆子，觉得你缺乏实际经验只会纸上谈兵而不信任你。

在职场这个大舞台上，如果过于张扬，就容易树大招风，甚至引火烧身。

重点大学毕业的小林不仅模样俊俏，身材苗条，还能讲一口流利的英语。跟外商谈判，她总能表现出色，同事们因此对她都赞许有加。相比之下，她的顶头上司——部门经理宋星比她逊色多了。宋星年届40，体态有些臃肿，没有小林的美貌和青春，中专学历的她外语水平并不怎么好，但由于早年进入该公司工作，一直勤勤恳恳，管理水平也不错，所以就受到了公司老板的信任，担任了部门经理。小林刚进公司时，宋星对她很关照，但在一次跟外商洽谈业务的晚会上，小林出尽了风头，得意地用英语跟外商海阔天空地交谈，并频频举杯，充分显示出自己的学识与气质。事后，小林试图通过自己那天的表现向领导邀功，她主动找到了宋经理说："我作为一名重点大学毕业的高材生，英语水平在公司来讲算是很高的，想必那天和外商交谈的情景您也看到了。因此我想，公司是不是该考虑提升一下我的职位，或者给我加薪？"但结果是，不久小林被调到了另外一个不太重要的部门。

面对不如自己的领导时，小林犯了职场的大忌讳——越位。小林在公众场合喧宾夺主，旁若无人地与领导抢"镜头"，使领导陷入尴尬的处境，领导当然不愿意把这样的下属留在身边。在用得着的时候，领导自然还会使用你，但用不着的时候，就会把你晾于一旁了。

小宋到公司任职不久，部门经理就对他说："老弟，我随时准备交班。"说心里话，当时小宋也是这么想的，因为经理是自学成才的，知识和修养存在先天不足。而小宋大学毕业，且在外资企业有6年的工作经验，既独立又有主见，工作能力很强。由于个性率直，在讨论一些工作上的问题时，他总会直来直去，为

非暴力沟通心理学
——用非暴力沟通化解冲突

此常与领导发生争执。虽然经理有时对他也有一定的暗示，但他却不以为然。久而久之，经理便渐渐疏远了他，让他失去了更大的施展才能的舞台。

虽然小宋的能力确实超过他的领导，但他不知道领导毕竟是领导。在领导眼里，下属永远比他差一截，他才会有成就感。下属的能力比领导强，本来就很可能在领导心里形成某种压力，如果再锋芒毕露地和他说话，哪怕你是无心的，领导也会忍不住对你施加压力。

身在职场，要谦虚和谨慎，这样才容易博得领导的信任和赏识。与领导一起走路时，要走在他后面；与客户谈生意时，应在适当的时候为领导"补台"，比如领导忘记了一个关键数字，在领导停顿的瞬间及时地为他提醒"台词"。

收敛起自己的锋芒，以消除领导的戒心。比如在业务会上，对自己的远见卓识要有意打点埋伏，留下空间给领导来总结。当然，在平时要经常向领导请示汇报，别擅自做主，特别是一些决策性的工作要等领导表态。

尽藏锋芒尽管有些痛苦，但你应该清楚，领导提拔你可能要费点力，可冷落你却是举手之劳。因此，要懂得先保护自己，收敛锐气，待时机成熟时再锋芒毕露，一鸣惊人。

背后诋毁，无异于"太岁头上动土"

有些人总在领导背后说三道四，有意诋毁领导的名誉，揭领导的家底，殊不知世上没有不透风的墙，领导总有一天会知道的。一旦被领导知道了，后果可想而知。

得罪领导不比得罪朋友、同事，因为领导掌握着你的饭碗甚至你的前途。也许只需领导一句话，你便职位不保。作为下属，你应该明白"身在屋檐下，不得不低头"的道理。

小史是一家文化传播公司里很有才气的策划。由于自命不凡，他总是对老板的创意不屑一顾，认为老板的水平太差，所以经常忍不住在与同事的交流中流露出对老板的不屑。消息很快就通过"好事者"传到了老板那里，于是老板主动找小史谈话，诚恳地问小史对自己的创意有什么意见，对公司的业务有什么建议，小史却支支吾吾没有谈出什么内容。这位心胸还算比较宽广的老板认为小史简直就是一个两面三刀的人，当面不说，却在背后说，从而对小史的人品产生了怀疑。后来，老板开始冷落小史，重要的策划方案再也不交给小史去做了。不久，小史无奈地离开了这家公司。

职场无小事，职场人士的言谈举止一定要顾及自己的道德操守，如果让别人对你的道德或人品产生怀疑，职场前途可就不那么妙了。

有什么意见可以当面善意地沟通，切忌背后做负面评价。任何人都不可能完美，领导也不例外，领导不会介意真正出于善意的意见，但"不忠""两面三刀"却是任何领导都无法容忍的。

很多职场中人都有这样的"爱好"，就是在公司午餐或者闲暇时，喜欢"交心"地议论领导的是非，一个不小心，这些议论也许会成为别人出人头地的跳板，又或许被某人传到了领导耳中。无论是哪种局面对自己都是没有好处的。说不定领导会因此对你耿耿于怀！

如果真正对领导有异议，与其在背后嘀嘀咕咕授人以柄，还不如当面袒露心声，至少不会让人质疑你的人品。领导不是老虎，有话要好好说。如果实在藏不住话，心里憋得难受，那就不妨找一些其他的发泄方式，发泄出自己的不满。

即使受了委屈，牢骚话也要谨慎说

职场上难免会有受委屈的时候，受委屈时，你是冲动地发牢骚还是把委屈藏在心底，再寻找适当的时机转化委屈呢？不同的做法有不同的效果。聪明人的做法是，受了委屈之后，牢骚的话会谨慎说。

职场上难免会遇到不顺心的事：为什么自己付出了这么多却

得不到领导的理解？和同事的合作怎么会这么难？因为别人而造成的损失为什么要自己来承担？其他人都不愿意做的事情为什么统统都交给我去做？不管是谁，受了委屈后，心里的滋味肯定不会好受，但是该不该向自己的领导发牢骚呢？

小刘是某市委宣传部的一名科员，经常在省级、地区级报刊上发表有分量的文章，是公认的才女。然而，她依仗着发表过一些文章，常常对同事所写的材料或宣传稿件指手画脚，大加评点，毫不顾忌同事的颜面，因此同事都对她有些厌烦。在最近一次干部调整名单中，小刘榜上无名。小刘心里很不平衡，可是她不去反思自己的过错，反而觉得自己受了天大的委屈。

没几天，宣传部领导黄处长召集宣传部成员聚餐，在席间与大家一一碰杯。黄处长与小刘碰杯时说："你是咱们宣传部的才女，好好干，将来前程远大呀！"没想到小刘端起杯，竟不冷不热地说："谢谢您的祝福，但光好好干还不行，因为现在有的领导提拔人不是看谁有本事，不是注重人的才能，而只把眼睛盯在会拍马屁的人身上。"黄处长一听这话，脸色一下子变了，原本热闹的气氛也顿时降温，最后大家不欢而散。之后，小刘明显感觉到黄处长对她冷淡起来，原来见面还同她开开玩笑，现在只是点点头就走过去了。

小刘因为没有处理好同事间的关系而失去了升职的机会，但她既不自省，也不与领导沟通，却在大庭广众之下对领导冷嘲热讽，抱怨领导用人不公。试想，这样指桑骂槐的牢骚话，领导能爱听吗？所以黄处长对她的态度由热变冷，也就在所难免了。

"您好，魏总。昨天我交给您的文件签了吗？"在外面的小齐通过电话问自己的直接领导魏总。

魏总告诉他说："我翻箱倒柜也没找到你给我的文件。对不起，我没有看到。"

小齐灵机一动，说："那好吧，我再找找，有可能是我记错了。"

于是，小齐赶紧上楼回办公室，把电脑中的文件重新调出来再次打印。当他把文件放到魏总面前的时候，魏总连看都没看就签字了。

小齐心里清楚，领导其实比自己更清楚第一次打印稿的去向。

如果是职场上的新人或者比较"认真"的员工，碰到这种情况可能就会说："我看着您将文件摆在了桌子上的！"但小齐这样的职场资深职员就不会这样说了。显然，他的做法既给领导留了面子，又没让自己陷入到较真的旋涡中，实乃聪明之举。

工作中受点委屈是在所难免的事。此时，与其在那儿怨天尤人，不如学会化委屈为动力。为了自己的前程，一定要做到以下几点：

1. "忍"字当头

即使是自己对领导错，也要想方设法为领导找一个台阶下。和领导发生冲突后，一走了之可不是什么明智之举，因为即便你到了新环境里还可能会出现这样的问题，到那时又能怎样呢？如果为了争口气而冲领导大发牢骚，可能会断送了自己的前途。因此，只要不是大是大非的问题，就忍忍吧。

2. 别向同事抱怨

即使你抱怨的理由很合理，别人也会对你反感。让同事听见你的抱怨其实并不好。如果失误在领导，同事对此都不好表态，又怎能安慰你呢？如果是你自己造成的，他们也不忍心再说你的不是。眼看你与领导的关系陷入僵局，一些同事为了避嫌，反而会疏远你，使你变得孤立起来。更糟糕的是，那些别有用心的人可能会把你说过的话添枝加叶地反映到领导那儿，加深你与领导之间的裂痕！

身处职场，谁都难免会遇到不如意的事，比如自我感觉良好，却总是得不到领导的认同。其实，如果遇到这样的事，最好先从自身查找原因，然后再跟领导沟通，绝不能一味地发牢骚，因为发牢骚很容易让人反感，从而增加了解决问题的难度，进而影响自己在职场的生存和发展。

诚实固然好，但有些实话还是要小心说出口

诚实固然是一种难能可贵的品质，但在职场上，诚实的话也要慎重说。

因为工作的原因，我们每天都需要和同事、领导交流。然而，

非暴力沟通心理学
——用非暴力沟通化解冲突

说什么，怎么说，什么话能说，什么话不能说，还是很有讲究的。很多时候，有些人吃亏就是因为没能管住自己的嘴巴。

说真话、讲实话虽然值得赞赏，但也必须注意场合，懂得向该说真话的人说。有时候，说实话也不一定能讨领导和同事喜欢。因此，职场人士一定要懂得把握分寸，谨慎地说实话。

小陈在一家知名外企做事。有一次，项目经理吩咐他给 A 单位做一份宣传策划案，经过项目组讨论后，小陈完全按照项目经理和组员们的意思，加班加点地顺利完成了策划。但是，当策划案交到项目总监那里，他却被狠狠地批了一通。

在项目总监面前，小陈说，这方案是他们小组所有人讨论的结果，而且，他们的项目经理也非常赞同，这个策划案 60% 的设想都来源于项目经理的想法。

可没想到项目总监直接把项目经理叫来，要他和小陈当面对质。项目总监追问项目经理："听说这都是你想的，就这种东西还能叫方案，还值得你们那么多人来集体策划？我看你这个项目经理还是不要当了。"

从办公室出来后，小陈又被项目经理狠狠地批评了一顿。项目经理批评他，以后说话前要动点脑子，别一五一十地把什么都说出去。可小陈认为，自己并没有说错什么，更何况他说的都是实话。

不可否认，诚实是非常可贵的品质。但在职场上，尤其是在自己的领导面前，有时候实话未必一定要实说，这就要求我们在说实话时要掌握一定的技巧。因此，我们一定要做到以下几点：

1. 学会沉默

相对于说不该说的实话，沉默有许多更为实在的好处。沉默，不急于表态，可以兼听，避免偏信；沉默，不急于表态，可以抓住事情的本质，避免被某些事物的表面现象所左右。

2. 尽量说好听的话

在领导面前少说下属的不好，多说下属的好；在下属面前不说领导的不好，只说领导的好。要尽量多说好话而不说坏话。

3. 懂得难得糊涂的道理

已经明白的事，不要说穿道破；不明白的，甚至似是而非的事，要画龙点睛，使人有醍醐灌顶之感。

办公场所忌讳的说话方式

在办公场所，不要总是用一些惹人厌烦的说话方式与人交谈，以免惹得人人厌恶。

在和同事谈话的时候，有些方式和习惯是不适当的，很容易导致"万人烦"，应该努力克服并改正这些毛病。下面的几种说话方式应避免：

1. 喋喋不休

很多人在跟同事说话的时候，总把自己放在最主要的位置。

一人唱主角，这不仅无法表现出你的交际口才，相反会惹人厌烦。交谈的时候适宜谈论有共同语言的话题，要长话短说，使大家都能充分表达自己的意见；要留心观察其他人的反应，如此才能使气氛更融洽。

2. 尖酸刻薄

在交际中有时候难免会跟同事发生一些争执，但是善意、友好的辩论能够更好地促进相互之间的了解，可以调动谈话的情绪，并能起到调节气氛的作用。相反，刁钻刻薄的论辩只会伤害到别人，从而导致对方心情不快，使对方对你敬而远之。

3. 逢人就诉苦

每个人都会遭遇这样那样的挫折和痛苦，但是每个人在面对困境时应对的方式又各不相同，有人会迎难而上，积极面对；有的人则喜欢在大家面前倾吐辛酸，以此来获得别人的同情。但是在跟同事交往的过程中，要是你一味地向别人倒苦水，只会让人认为你是个没魄力、没能力的人，渐渐地别人就不再尊重你了。

4. 自命不凡

在跟同事交谈时，你若表现得像个"万事通"，一定会惹人烦。交谈是一种增进了解、促进沟通的手段，而不是让你表现渊博学识、广泛见识的舞台。

只有避免了上述招人厌烦的说话方式，你才会成为一个受人欢迎的人。

掌握几种和领导交谈时极为有用的句型

和领导交谈时，一句话说不好就可能引起领导的反感，严重的甚至会葬送自己的前程，而掌握一些极为有用的句型，与领导交谈时就会使你少犯一些错误。

如果你认为只要靠熟练的技能和辛勤的工作就能在职场上出人头地，你就有点天真了，因为懂得在关键时刻说适当的话也是事业能否成功的决定性因素之一。掌握了说话技巧，学会和领导、上司说话，不仅能让你的工作备感轻松，更能使你获得名与利的双丰收。

宫茗在一家连锁机械公司负责网络部的技术工作。最近，公司的网络系统出了点故障。原来，由于公司的业务量大，网站的推广工作做得也不错，于是引来了同行的排挤，导致他们的网站经常被一些黑客攻击。为此，领导非常恼火。虽然领导也知道公司的网站被外人做了手脚，但一旦上不了网，领导还是会对宫茗等网络部的员工动怒。

领导第一次说出这些情况时，宫茗还没完全弄清楚发生了什么事。毕竟他们本来做好的程序不是这样的，而且已经运行两个多月了，怎么会一下子上不了网呢？所以，当时的他支支吾吾，什么都说不出来。领导训斥了他们一顿后，出去办事了。等领导回来时，宫茗他们已经将问题处理了。领导看到网络问题被处理好了，不但不高兴，反而丢了句这样的话："领导不发怒，员工不努力！"

宫茗很伤心，虽然他当时支支吾吾，但他确实很努力地去完成工作了，怎么能说领导不发怒自己就不努力了呢？

在职场打拼多年的表哥知道了这件事后，就告诉宫茗，如果领导向你提出工作上的问题，你的反映应该是充满自信地说："您放心，我马上处理。"他听了后觉得很不可思议："真的能处理好吗？"表哥笑着说："你听明白了，我说的是'我马上处理'，但没有说我一定能处理好！对于领导来说，他们想得到的就是这么一句话，这句话不至于让领导发怒！如果后来我处理好了，那是我有本事；如果我处理不好，也不能说我不把公司的事情当回事！"

宫茗这才明白，工作能力是一回事，让领导感觉你是否尽心工作又是另一回事。以后，不管出现了什么问题，只要领导开口，他都会说："我马上处理！请您放心。"

"我马上处理"虽说只有简单的 5 个字，但可以体现出你对领导下达指令的一种态度。当领导给你吩咐好一件事情后，你用这句话作答，一定会使领导对你产生好感。但是切记，话说出口后可还没有结束，关键是你是否马上处理了，所以还要行动起来。

如果领导向你询问一些不在你工作范畴内或者你并不熟悉的问题，你不知道该如何回答时，最好不要说不知道。你可以对领导说："让我再认真想一想，过一会儿给您答复好吗？"这样，巧妙回避了你不了解的情况和不知道的事，之后再询问其他人，或者查找相关的资料。这样的回答不仅能暂时为你解围，也能让领导认为你在这件事情上很用心，很认真。不过，事后可不能懈怠，要及时向领导汇报工作进展。

小苏在一家图书公司做策划。这天经理突然来到他的办公桌前，将一摞文件交给他，责问道："你到底都写了些什么啊？"当时小苏正想着下一个方案，被经理这么一问，就愣住了。

"怎么了？"小苏问。

没有想到这 3 个字一出口，经理立刻爆发了："怎么了？你问我还是我问你啊？"小苏一下子被问懵了，不知道该如何是好。

这时，小苏旁边的一名同事走了过来，冲经理一笑："经理，我看看，两点半之前答复您，好吗？"

经理点了点头，又冲小苏瞪了瞪眼，离开了。这时，小苏心里一肚子委屈，却什么也说不出来。

"我看看，两点半以前给您答复好吗？"虽然只是一句简单的话，但足以平息领导的怒火。另外，当领导给你一个方案，或让你马上回答某个问题，你却没有做好思想准备时，类似于这样的回答，也能给你留出足够的思考和应对时间。

同样的意思用不同的说法表达出来，会给人不一样的感觉。我们也许会感慨，自己努力工作多年，一次职位都没有升过，而那些能力不如自己的人却总是不断高升，世界真是太不公平了。

而实际上，也许他们的工作技能确实不如你，但他们一定有自己独特的能力让领导对他们刮目相看。比如和领导沟通时，他们经常用一些习惯性的句型。下面总结归纳了一些职场中和领导说话时可能会用到的很实用的句型：

1. 以最委婉的方式传递坏消息的句型：我们似乎碰到了一些状况……

2. 领导传唤时责无旁贷的句型：我马上处理！

3. 表现出团队精神的句型：安琪的主意真不错！

4. 说服同事帮忙的句型：这件事没有你不行！

5. 巧妙闪避你不知道的事的句型：让我再认真地想一想，三点以前给您答复好吗？

6. 智退骚扰的句型：这种话好像不大适合在办公室讲喔！

7. 不着痕迹地减轻工作量的句型：我知道这件事很重要，但我能不能先查一查手头上的工作，把所有事情排出个先后顺序来？

8. 承认疏忽但又避免引起领导不满的句型：是我一时失察，不过幸好……

9. 面对批评时表现冷静的句型：谢谢您告诉我，我会认真仔细地考虑您的建议的。

我们千万不要小看这些句型，这些句型领导听起来很受用，领导也会觉得下属有礼貌，处理事情有分寸，有资格、有能力成为自己的最佳拍档。

如何表达与上司相反的意见

跟上司提相反的意见，有些时候是不好直接说出来的，为了避免尴尬，甚至是导致不良后果，不妨从其反面说起，反说正话。

有的下属在工作中因为怕得罪上司，对上司的一言一行唯唯诺诺。当上司的意见或者见解不正确的时候，他即便知道，也不会说。这样的下属或许会赢得上司一时的喜欢，但是绝对不会是长久的。因此，作为下属，要经常向上司提出好的意见。

下面介绍几种可供借鉴的提意见的方法，希望对你有所帮助。

1. 先赞扬再反对

向上司表示反对意见时，不仅要有充分的理由，而且要说得使他完全信服。同时，说话技巧的运用也不能不讲究。首先，你可以对上司的建议表示一番恭维，如你可以说"太好了！""它太好了！"，然后对这个建议的优点大概做个分析，阐明你认同的原因。紧接着指出这个建议的局限性，让上司意识到这个建议存在的不足，从而让其动摇对这个建议的坚持。这时，你就可乘机提出你的建议，并详细分析这个建议的优点，从而让上司认识到你的建议要优于他的建议。采用这种方法既满足了上司的自尊心，同时也不会使他产生不悦。待他做一番详细的斟酌后，他极有可能推翻自己的建议，采纳你的建议。

非暴力沟通心理学
——用非暴力沟通化解冲突

2. 迂回说理

在向上司提意见，特别是要表达相反的意见时，一定要仔细研究对方的特点，不能粗心大意、不考虑对象、不分析形势、只知冒冒失失地去据理力争。聪明的人会分析具体情况，在某些场合，需采取迂回战略，进行迂回说理。

据说秦始皇一度异想天开，打算把打猎游乐的园林东延至函谷关，西扩至雍县、陈仓一带。这样一来，几千万亩农田将成为牧场。优旃听到这个消息，想反对秦始皇的这一决定。于是，他找了一个秦始皇兴致较高的时候探听虚实："听说皇上要扩大园林。"

"是有这么回事！"秦始皇得意地说。

"那真是太好了！不过我还有个小小的建议，希望您在园中最好尽量多饲养各种飞禽走兽，特别是要多养些麋鹿，一旦有敌人从东方来进攻，咱们让这些麋鹿去顶他们就行了。"秦始皇听了，哈哈大笑，再一想，明白了优旃的话，觉得自己的做法确实不妥，于是把扩大园林的事搁下了。

要反对秦始皇的决定，优旃当然不可以直言进谏，那样容易触怒皇帝，招来杀身之祸。因此，他采用迂回曲折的方式进行说理，让秦始皇在一笑之间明白真理，并改变了原来的主意。

3. 反说正话

真理再向前一小步就会变成谬论，同样，反面的话稍加引申，就可能走向反面的反面。在你的反话中，上司认识到自己的不对，自然就会改变他原来的意见，而且这样上司不会觉得你是在扫他的面子。

把对上司的"意见"变为"建议"

在上司面前，你最好不要表露出"我比你聪明"的意思，在谦虚的请教之中表达你的意见是最好的选择。

给上司提建议时，提建议者总会有一定的心理压力，害怕好心提建议反而把与上司的关系弄僵了。究竟如何说话，才能既让上司接受你的建议，又让他觉得你不是在故意与他为难或者不给他面子，这确实是件难办的事。

下面具体谈谈向上司提意见的方法、技巧。

1. 多"引水"，少"开渠"

多"引水"，少"开渠"的意思是说，向上司"进谏"时不要直接点破上司的错误所在，或越俎代庖地替上司做出所谓的正确决策，而是要用引导、试探、征询意见的方式，向上司讲明其决策、意见本身与实际情况不相符，使上司在参考你所提出的建议后，水到渠成地做出你想要的正确决策。

2. 多献"可"，少加"否"

多献"可"，少加"否"的意思是说，在下属向上司"进谏"时多献可行的，少说不该做的。它包括两层含义：一是要多从正面去阐明自己的观点；二是要少从反面去否定和批驳上司的意见，甚至要通过迂回变通的办法有意回避与上司发生正面冲突。

例如，你是一家公司的部门主管，根据业务发展情况需要配一名专管业务的副手，这时你想提拔一位懂业务、有经验的下属担任此职，而上司却准备从其他部门派一名不懂这方面业务的外行人任职。在这种情况下，你可把话题多放在部门副主管应具备的条件和你所提人选已具备的条件上，而不应放在反驳上司所提候选人上。这样既可以避免与上司发生直接冲突，又能把话题保留在自己所提人选上。

3. 设置多项建议

设置多项建议让上司在其中做出选择，会使上司感到非常舒服，这是一种高明的提建议的技巧。

4. 兼并上司的立场

小柳是一家知名网络公司的总经理助理。他的顶头上司徐总是搞学术、技术出身的，由于工作重点长期落在研究开发领域，因此对企业管理仍然一知半解。出于对技术的钟情与依恋，徐总总是直接插手技术部门的事，把管理的层级体系弄得乱七八糟，其他部门的员工虽然表面上敢怒不敢言，但私下里无不怨声载道，这使小柳在与其他部门沟通协调上倍感吃力。

经过一番思考，小柳决定采用兼并策略，向徐总提建议。他对徐总说：

"真正意义上的领导权威包含技术权威和管理权威两个层面，徐总的技术权威已经牢固树立，如果能在人事、营销、财物方面的管理上更上一层楼的话，整体的领导权威就能树立得更加完美。"

徐总听后，若有所思。后来，徐总果然越来越多地把时间用在人事、营销、财务的管理上，企业的不稳定因素得到控制，公司运营进入了高速发展状态，小柳的各项工作也顺风顺水，渐入佳境。

在实际工作中，上司毕竟也是人，俗话说，金无足赤，人无完人。上司在某些方面有缺陷是很正常的，关键是作为员工要有一个正确的心态，认识到上司也是人，不是神。立场站对后，处理同上司的关系就会顺利得多。

5. 以虚心为本

某企业的职代会正在讨论一个方案。小李发言："我认为，还应该加入一点……"而小罗的发言却是："我经过对这个方案的多方面考虑，认为有些不太理想的地方。我提出来，如果有什么不妥当的话，还请各位领导指正……"对于小李的发言，上司只是神情冷漠地听了一遍，无所表示；对于小罗的发言，上司却着着实实地考虑了一番。从那以后，企业里的事，常常征求小罗的意见。原因就在于小罗能掌握上司的心理，知道如何去维护上司的尊严。

此外，还要注意的是不可恃功自负，当得知领导改变了自己的错误决定，采纳了你的建议后，不要扬扬得意，最好不要多提此事，以后，领导定会更加重视你的意见。

非暴力沟通心理学
——用非暴力沟通化解冲突

第十章

在尊重与合作中远离家暴：
别再用恶毒的话，伤害你在乎的人

理智化解夫妻间的争吵

既然有些架非吵不可，那么我们还是要试着去学会化解，至少要把其中的冲突减少到最低限度。

夫妻唇齿相依，就免不了唇齿相碰。因而，夫妻之间发生争吵，实属正常。

俗话说："夫妻没有隔夜仇，床头吵架床尾和。"争吵虽会让平静的生活起波澜，但是往往事情过后双方会加深了解和体谅，乃至感到回味无穷。但是，这种化解技巧并非人人都能掌握，弄不好还会导致家庭破裂，以下几点可供参考。

1. 发生争执时，要控制自己的情绪，说一些宽慰、幽默的话来缓和气氛。

2. 发生矛盾时，千万不要用尖酸、刻薄、讽刺的话去伤害对方，否则自己痛快了，对方却好几天缓不过来。

3. 当遭遇爱人的"无礼"时，要豁达大度，做一个理智的让步，这样不仅对自己有好处，而且能避免把事态弄得很僵。

4. 发生矛盾时，要保持冷静的头脑，将心比心、设身处地地为对方设想，话要说到点子上，这样，才能使爱人消气，言归于好。

5.夫妻吵架是两个人的事，切忌把外人牵扯进来。吵架后，也不要轻易"断绝外交关系"。

孩子需要你的赞美

南京某厂技术员周宏用赞美的办法，把双耳几乎全聋的女儿婷婷，教育成了高才生。

周宏第一次看小婷婷做应用题，10道题只做对了1道，按说该发火了，可是他没有。他在对的地方打了一个大大的红勾，并由衷地赞扬她："你太了不起了，第一次做应用题，10道就对了1道，爸爸像你这么大的时候，碰都不敢碰呢！"8岁的小婷婷听了这些话，自豪极了。在父母的鼓励下，10岁那年，婷婷就写作出版了60000字的科幻童话。消息见报后，不少残疾儿童被送到周宏门下，都在周宏的"赏识教育法"下有了很大进步。他说："哪怕天下所有人都看不起你的孩子，你也应该眼含热泪地欣赏他，拥抱他，赞美他。"

周宏巧妙地把赞美运用到了孩子身上，开发了孩子内在的潜力，激起了他们在学习上的热情，唤起了他们强烈的进取心，使得孩子变"要我学"为"我要学"，从而在心理上彻底解放了孩子。

然而，在现实生活中，有的家长不是这样。他们认为孩子是自己生的自己养的，督促孩子学习也是为了他们好，不必老是哄着、捧着，甚至以为不打不成材，"棍棒底下出孝子"。因此，这些家长老是居高临下，总想从精神上、肉体上驾驭孩子，结果孩子在家长的高压下，心情焦虑，逐渐出现心理障碍，甚至精神和行为失控，不少家长为此付出了惨痛的代价。他们不知，光靠压是不行的。只有加强引导，让孩子好之乐之，孩子才会"不用扬鞭自奋蹄"，而赞美就是一剂良方。

人都是爱听好话、喜欢受到表扬的。美国著名心理学家威廉·詹姆斯研究发现：人类本性最深刻的渴望就是受到赞美。孩子更是如此。因为孩子好奇心强但自信心不足，他们对自己的每一点小小的进步都非常在乎，渴望得到大人的肯定。

其实，心理学中的罗森塔尔效应揭示的就是"赏识－赞美"的巨大作用。现实生活中，也不乏这样的经典范例，如19世纪德国《卡尔·威特的教育》的记录；我国著名教育家陶行知先生"四块糖果"的故事等。

事实证明，如果家长能够恰当地运用赞美，就会帮助孩子达到光辉的顶点。因此，家长学会赞美孩子是很有必要的。要学会赞美孩子，就要做到：

1. 尊重孩子

家长只有把孩子当作朋友，平等相待，尊重孩子，才会从内心去赞美孩子。

2. 要有一颗平常心

有的家长对孩子的期望值过高。当一些不切实际的目标达不到时，便采用极端的手段来对付孩子。"恨铁不成钢"时，家长根本就不可能去赞美孩子。

3. 要了解孩子

平时要多观察孩子有什么爱好，从而"对症下药"，激励孩子，帮助孩子，使他们好之乐之，才会学有所成。

4. 要持久

孩子的培养不可能一蹴而就，这是一个漫长的过程。作为家长，应持之以恒，使孩子在赞美声中健康成长。

5. 坚持原则

准备赞美孩子时，必须坚持原则，只有在他做了值得赞美的事情时，才去赞美。由于溺爱，有些父母无原则地对孩子的种种行为加以赞美，使孩子养成是非不分、骄横跋扈的坏习惯。孩子按大人的要求去做了并做得很好，就应该及时赞美；做了不对的事情，即使孩子哭闹、耍赖皮也千万不要迁就他、说好话。否则，赞美就会失去原有的积极意义。

6. 掌握时机

当孩子正在做或已做完某件有意义的事，应当及时给予适当的赞美，如一时忘记了，也要设法补上。如孩子在老师的说服下，吃饭时终于肯吃蔬菜了，父母应立即予以赞美。在孩子应当得到赞美、渴望得到赞美时，成人的熟视无睹无异于给孩子当头浇了一盆冷水。

7. 就事论事

不要直接赞美孩子整个人，而应该赞美孩子的具体行为，也不要夸大其词，言过其实。例如，当孩子画了一幅不错的儿童画时，千万不能说"真聪明"，而应说"哟，这幅画不错"。要知道，过分的赞美，会给孩子播下爱慕虚荣的种子。

8. 当众赞美

孩子得到赞美应当着别人的面。孩子的成绩被当众传播了，这就是双重的奖励。如，孩子的妈妈说："孩子很懂礼貌。"以后孩子就总是十分小心地维持这种赞美，并且养成懂礼貌的好习惯，每次将客人送到门外，都会说："再见，请以后再来玩。"

9. 掌握分寸

孩子经过努力做出了成绩，或者做完了他应当作的事情，都应该得到赞美。但在日常生活中，注意不要重复赞美某件事情。当孩子养成良好的习惯后，就可以适当减少对孩子这一方面的赞美。赞美孩子并给以适当的奖励或是亲吻或是搂抱，都会给孩子以奇妙的力量。

对孩子的教育，家长不应当吝啬赞美，吝啬肯定，吝啬鼓励。只有学会这些，并适当地运用这些，才会使孩子树立信心，鼓起前进的勇气，大胆地往前走。

与孩子有效沟通的秘诀

现在很多父母都感觉跟孩子讲道理是非常难的一件事。父母说得天花乱坠，孩子却这耳朵进，那耳朵出，一不留神，孩子还逮着个错反诘父母半天。有些父母能与孩子说得眉飞色舞、热火朝天，有些父母却很少与孩子讨论什么。他们与孩子说话，往往说上个三五句，孩子就不耐烦了，父母也没词了。为什么父母和孩子之间会发生沟通危机呢？父母又该怎样和孩子沟通呢？

"沟通"一词，《现代汉语词典》的解释是："使两方能通连。"寻求事情的"共同处"，找出事物的"平衡点"，画出事物的"交集"，其过程是"疏通"，其结果是"融洽"。作为孩子的第一老师，和谐地与孩子沟通至关重要。

1. 了解是沟通的前提

孩子与家长出现沟通危机，不怪孩子，主要还是家长造成的。为什么孩子懂的家长不懂？为什么孩子关心的事，家长就不关心呢？这是因为我们不了解孩子，不知道孩子想什么、关注什么和需要什么。没有进入孩子的内心世界，又何谈沟通呢？

此外，当我们和孩子沟通时，还要了解孩子当时的情绪状况。孩子和大人一样，情绪好时比较容易接受不同的意见，不高兴时则容易发拗，因而跟孩子讲理，要充分了解孩子的情绪状况。在其情绪较好时，对其进行教育；若在孩子情绪低落时跟他说理，是不会奏效的。

2. 平等是沟通的关键

为人父母者往往仗着"闻道"早于孩童辈，就不知、不愿、不肯、不屑去认同孩子，就以成人的眼光、成人的标准去"箍"、去"套"、去约束孩子的小脑袋、小世界。他们总是难以忘记自己"教育者"的角色，以至于和孩子沟通时总是难以保持平等，"你要""你应该""你不能"等词语常常挂在嘴边，孩子自然渐渐失去了与家长沟通的愿望。

因此在和孩子沟通时，要讲究技巧，和孩子平等沟通。我们是与孩子谈话而不是训话，如果总是板着面孔，居高临下，就很难和孩子成为知心朋友，孩子不是不愿谈，就是说假话。这就要求家长和孩子谈话时，要以孩子的心态和孩子能理解的语言进行，要蹲下身来和孩子沟通，让孩子觉得你是他的朋友和伙伴，这样沟通才会水到渠成。

3. 倾听是沟通的良方

现在许多孩子都有了一定的主见，已经不愿意再当被训导的角色，他们思想活跃，希望有个细诉衷肠的对象。这时的家长应该改变原来的教育方法，努力创造一种聆听的气氛。最好的办法是家长经常抽空陪伴孩子，并且当一个好听众。

只有倾听孩子的心里话，才能更好地与孩子沟通。孩子向你诉说高兴的事，你应该表示共鸣，如孩子告诉你他在学校得到了老师的表扬，你可以称赞说"噢，真棒，下次你会做得更好"；孩子向你诉说不高兴的事，你应该让他尽情地宣泄，并表示同情，如当孩子告诉你小朋友推了他一把，他非常气愤时，你可以说："你很生气甚至想打他，是吗？但你不能这样做，你可以告诉老师，请求老师的帮助"；当孩子向你诉说你不感兴趣的话题，你应该耐着性子听，表示你关注他的谈话内容，你可以使用"嗯""噢""是吗""后来呢"等词语，表示你在认真地倾听，鼓励孩子继续说下去。这样，不仅使孩子更乐意向你倾诉，也可以提高他的语言表达能力。听和说总是联系在一起的，要掌握与孩子交谈的艺术，就要耐心地当好孩子的听众，在孩子漫无边际的讲述中，父母可以了解他的真实想法，在他针对某件事的辩解中，可以发现事情的真正原因，便于说服教育。所以，和孩子交谈时，父母不要只注重自己怎样说，更要注重怎样听孩子说。

4. 信任是沟通的基石

和所有的友谊一样，两代人的沟通也要讲一个"信"字。说话算数说起来简单，真正做到并不容易。儿童心理医生林达曾经举过这样的例子：一位妈妈因为 6 岁的女儿不愿与她沟通，便领着女儿去进行心理咨询，结果发现原因是妈妈将女儿告诉她的"秘密"在晚饭时不经意地告诉了家庭其他成员，导致哥哥姐姐们以此来取笑她，从此她再也不肯对妈妈说什么了。可见，孩子和家长之间的相互信任是非常重要的。

你若不能相信孩子，孩子又凭什么信任你、相信你是真心帮助他的？你若得不到孩子的信任，又怎能跟孩子沟通？

5. 惩罚是沟通的双刃剑

惩罚是一种特殊的沟通，它是一把双刃剑，既可以教育孩子，也可以伤害孩子，如何使用惩罚是教育成败的关键之一。惩罚一定要说明理由。父母要善于控制自己情绪，不可暴怒，更不可凶狠。在进行惩罚时，要把注意力放到让孩子知道自己言行错在什么地方、为什么是错的上面。大多数孩子都以为自己的行为是对的才去做，或者从自己的兴趣、儿童的角度出发去干，因此，讲道理仍然是惩罚的重点。父母应牢记，惩罚并非不要讲道理，而是将道理渗透在惩罚之中。

此外，惩罚时不能揭短，只要指出这次犯错误的问题即可。一般来说，父母非常容易在惩罚的同时揭短。一些父母在惩罚时不断地揭孩子的短、翻老账，这样会彻底损坏孩子的自尊心。

父母在与孩子沟通中应该多表扬、少惩罚，惩罚必须公平和适度。

6. 赏识是沟通的最好添加剂

古语云："数子十过，不如奖子一长。"跟孩子讲道理，应充分肯定孩子的长处，对孩子的进步给予及时的表扬和鼓励，在此基础上再对孩子的过错予以纠正，这样孩子就容易接受大人的意见。如果一味地数落孩子，责怪孩子这也不是那也不对，只会让孩子产生自卑心理和逆反心理。

恰到好处的赞美是父母与孩子沟通的兴奋剂、润滑剂。家长对孩子每时每刻的了解、欣赏、赞美、鼓励会增强孩子的自尊、自信。我们要切记：赞美鼓励使孩子进步，批评指责使孩子落后。

沟通是一门学问，一位教育家说得好："父母教育孩子的最基本形式，就是与孩子沟通。我深信世界上最好的教育，是在和孩子的沟通中实现的。"让我们每位家长在沟通这门学问面前做一回小学生，真正成为孩子亲密无间的知心朋友！

规劝的话要"裹着糖衣"

一种苦味的药丸，外面裹着糖衣，使人先感到甜味，容易一口吞下肚子去。于是，药物进入胃肠，药物发生效用，疾病也就好了。父母要对孩子说规劝的话，在未说之前，先来给他一番赞誉，使孩子先尝一些甜头，然后你再说规劝的话，孩子也就容易接受了。

如果你要人家遵照你的意思去做事，就要懂得用商量的口气。譬如有一位主管要求属下做事时，总是用商量的口气说："你看这样做好不好呢？"

正处于青春期的孩子，逆反心理比较强，如果父母在批评孩子时只顾苦口婆心地规劝，往往起不到实质的作用。

当然，为了纠正孩子的错误，指导孩子去做应该做的事情，有时批评孩子是必要的，只是要特别小心，在言语和态度上都要谨慎，千万不可用讽刺或嘲笑的言语，免得引起孩子的反感和难堪，使之产生自卫和反抗的心理。

如果孩子做错了事情，父母可先间接指出其错误的地方，告诉其这样做会带来哪些后果，然后提出改正的方法，使孩子明白应该走的路和应该做的事。如果孩子付出了努力，尝试去改过，就算不能立即生效，做父母的也不必气馁，可以从旁鼓励，告诉孩子他的努力不会白费。

此外，在规劝孩子的时候应尽量避免有外人在场，因为这样他就会觉得自己很丢脸，没有面子，所以也很难接受你的劝告。

对孩子忌说的 8 种话

父母与孩子的关系虽然亲密，但对孩子说话也不能随随便便。因为，孩子与父母在年龄、阅历、心理等方面存在着很大的差异，如不注意这一点，对孩子说一些不该说的话，势必不利于孩子的健康成长。父母是孩子的第一任老师，父母的言行无时无刻不在潜移默化地影响着孩子。因此，父母在与孩子交谈时应注意自己的措辞。

父母对孩子说话时要有所忌讳，概括起来，主要有以下几点：

1. 说损话

有些性格急躁的父母，恨铁不成钢，动辄损孩子，什么"你这个笨蛋""一点出息也没有""活着干什么，还不如死了"，等等，孩子总听这些，身心定然会受到创伤。

"你怎么不像你姐姐？她门门功课都拿满分！"这样的话语，无疑会把孩子的自尊心破坏殆尽。许多家长没有意识到自己给孩子造成了不安的情绪。"是啊，为什么我不能像她一样？父母不喜欢我了。"他的反应往往是：第一，觉得遭到了贬低，一无是处甚至没有希望；第二，摆脱人见人爱的姐姐；第三，为没人喜欢自己而愤愤不平。

这时，更为恰当的表达是："我知道你担心你的成绩不如姐姐好。我要你记住，你俩各有所长。我们也很看重聪明的孩子，你们各有惹人疼爱的优点。"

2. 说吓唬孩子的话

"如果你不立刻跟我走，我就把你一个人抛在这里！"你真会这么做吗？孩子当然希望你不会这么做，因为小孩子最怕单独待在一个陌生的地方。但可能他听多了类似的威胁，已对此充耳不闻了。较有效的方法是：当他太出格时，你把他抱起来。这样，他就会明白你不允许他在公共场所胡闹。

3. 说命令话

有些父母在孩子面前耍威风，没有一点民主作风。有的家长一味限制孩子，什么也不准，说话就是下禁令，例如"放学后不许与同学玩，不许到同学家里去，不许把同学带到家里""你每天除了学习，别的什么也不许干"。由于生活在命令中，孩子就会变得迟钝，没有创造力。

4. 说气话

有些缺乏修养的父母，稍不顺心就拿孩子撒气。在家没好脸，说话没好气，如"去去去，滚一边去""不要说话，给我装哑巴"。孩子不敢接近，又躲避不了。孩子有时问点事情，也没好气地说："不知道，别问我。""老问啥，没完没了的……"这些使孩子横遭冷落的气话，是父母应该忌讳的。

5. 说宠爱话

有些不清醒的父母，溺爱子女。常常听到什么"你是妈妈的心肝儿""命根子""眼珠子"之类的话。有时孩子耍泼，无论要什么，父母都说"好，这就给你换"，甚至骂自己也笑，打自己还说"好"。这些容易造成孩子形形色色的坏毛病，应该改正。

6. 说侮辱话

有的不理解孩子的父母，当发现孩子有什么"不端"行为，则认为其大逆不道，不是冷静地弄清情况，而是凭主观臆断，说什么"你这个不要脸的小畜生""小流氓"……

有的稍文雅的父母也有旁敲侧击、指桑骂槐的行为，弄得孩子反驳也不是，解释也不是，只好委屈地忍受着。

有伤孩子心理的话，也是父母与孩子沟通时应该忌讳的。

7. 说埋怨话

当孩子犯错误之后，他会感到很无助。"我怎么会这样？我真傻。"他后悔当初没听从父母的话。就在这时，妈妈说："我早就跟你说过会这样。"转眼间，孩子的无助就变成了自卫。出于反抗母亲轻蔑的语气，出于摆脱自视蠢笨的自卑，他开始辩解。要么在绝望中屈服，要么在愤怒中反叛，两样都不利于他成长。

较好的表达方法是："你试过自己的方法了，可没成功，对吗？真为你难过。我也是这么过来的。"

说服父母有妙招

许多子女都说与父母有代沟。的确，父母因为年龄的原因，与社会有些脱节。而因为缺乏交流的艺术，双方经常产生摩擦。家庭中父母与子女间的摩擦，大多是两代人之间的思想分歧，解决起来不大容易。而偏偏长辈大多固执，后辈又执拗，他们觉得自己正确的时候，往往靠争辩解决问题，这就更加激化了矛盾。

在这种情况下，如何说服父母，就需要一定的技巧。说服父母是一种特殊的交流和沟通过程。

1. 利用类比讲明道理

在说服过程中，可以巧妙地把父母的经历和自己目前的状况类比，以求得他们的理解，使他们没有反对的理由。

比如，有一位大学毕业生想到南方闯一闯，家长不同意，他这样找理由说服父亲："爸，我常听你说，你16岁就离家到外地上学，自己找工作，独自奋斗到今天！我现在比你当时还大两岁呢，我是受你的影响才这样决定的，我想你会理解和支持我的。"

这样一来，儿子成功地说服了父亲，父亲无法再坚持自己的意见了。

一般情况下，做父母的都有自己认为辉煌的过去，他们免不了以这些资本教育子女。对于已成年的子女，如果要干一番事业但受到父母的阻挠时，就可以拿他们的经历作为论据，进行类比，这样有很强的说服力。

2. 献殷勤，套近乎

献殷勤，不是虚情假意，而是要实实在在地孝敬父母。虽然父母有许多缺点，可做儿女的应该真心实意地爱他们，关心他们的冷暖和健康，为他们分忧解愁。有了这个心理，你就会有许多"献殷勤"的办法，也会有诚恳、礼貌、亲切的态度，自然而然就会说得顺耳、讲得动听了。

需要提醒的是，当父母问你什么事情时，这是送上门的"献殷勤"的好机会，你一定要耐心、认真地正面回答或解释，这样一定会换得父母更多的怜爱。长辈总想更多地了解晚辈的生活，你只要耐心地陪着他们就足够了。

人与人之间应该互相尊重，子女对父母更应该如此。而这种尊重，很重要的一个表现就是经常向老人请教和商量问题。除了那些自己能够预料到的肯定与父母的观点存在明显分歧，而又必须坚持己见的问题之外，其他的事情，则应该经常及时地与父母商量，听听他们的意见，这无疑是有好处的。即使清楚地知道自己与父母的观点绝对一致，也不妨走走过场，以求得意见一致时所带来的愉快心情。

3. 以父母的期望作为自己的旗帜

父母对子女的未来都寄予厚望，望子成龙是他们梦寐以求的，而且在日常生活中，父母常常教导子女要敢闯敢干，将来要做一个有作为、有成就的人。

在说服他们时，只要你提出的意见与他们的目标一致，就可以抓住这面旗帜，作为有力的武器，为己所用。

有一位刚毕业的年轻人在一家公司找到一份工作，而父亲不同意儿子的选择，正在托人给他联系某国家机关。这个年轻人说："这个公司我了解过了，生产的是高科技产品，和我学的专业很对口，很有前途。再说，国家机关好是好，可是人才济济，我到那里要想干出一番事业，恐怕机会不多。而在这个公司就不同了，我去那里，总经理要我马上把技术工作抓起来，这是多好的机会。我从小就依靠你们，没有主见，我现在长大了，觉得你说得对，这个决定就是我自己独立思考做出的。我想你一定会支持我的。"

听到这里，父亲还能说什么呢？

一般来说，父母很注意自身的尊严，对过去说过的话不会轻易失信，而且会及时兑现。所以，在说服他们时，就可以适当利用这种心理，用他们的话作为自己的旗帜，很容易就会成功。

4. 发挥坚决的态度的震撼力

子女在说服父母时要表明自己的坚决态度，让他们明白自己的选择是慎重的，是下了决心的，不管遇到什么情况都不会动摇，即使决定错了，也准备独自承担责任，决不后悔。

这种坚决的态度具有柔中寓刚的作用，对于父母有强烈的震撼力。父母从中可以看到子女的主见和责任感，就不会硬顶着把事情搞僵，反而还会顺水推舟，同意子女的意见。

一位女孩的父母不同意女儿和那个男孩谈恋爱，她对父母说："在这件事情上我决心已定，希望你们能理解女儿的心思。以后吃苦受累我也心甘情愿。如果你们硬不同意，那也没有办法，就当没有生过我这个不孝的女儿吧。不过，我是多么希望你们能理解和支持我呀！那样，我会感谢你们的。"

话说到了这里，父母还能说什么呢？他们并不想失去女儿，既然女儿已经铁了心，为什么还要苦苦相逼呢？这个事例中，女儿的决心起了重要作用。

最后，需要指出的是，如果自己的意见不正确，甚至完全错误，那就不是说服父母的问题，而是应该愉快地放弃自己的意见，采纳他们的意见。当然，这同样也需要勇敢和理智。

父母吵架时的劝说艺术

世间最美满的家庭也难免存在矛盾，父母发生摩擦闹矛盾，甚至公开吵架时怎么办？最重要的是你要当好中间人，在任何家庭中，父、母、子女三方的关系总是最亲密的，子女是父母感情的纽带，是父母关心的中心，在父母面前，始终处于被爱护、被关心的地位。

有一位教育家这样说：我小的时候，隔壁邻居家夫妻两个经常吵架，而他们吵架的时候两个孩子通常只是在一边傻傻地看着，或是在一边流泪，夫妻俩总是小事吵成大事，大事就更不得了，一直到有人劝才停止。通常夫妻吵架有时会陷入双方谁也不服谁的僵局，而且外人来劝没有内部解决好。这个时候如果孩子能很好地劝架，那么夫妻的吵架问题就很容易解决，父母会因为孩子那么懂事而欣慰，说不定以后会减少吵架的次数。

父母争执发生矛盾，孩子最有机会做好双方工作。所以当父母争吵时，我们应该保持冷静的头脑，绝不可以意气用事。不能把自己置于局外人的地位，对父母的争吵毫不过问，冷眼旁观，熟视无睹，自称"小孩不管大人的事"；也不能不分青红皂白跟着大吵大闹，把父母双方都责怪一通，使两人吵变成三人吵。

一般父母吵架后会出现 3 种情况：

一是双方僵持，谁也不肯让步。这时他们最需要的是子女的安慰，你应立即做好劝说工作，这时不妨这样对你父亲说："爸，您不是一向都对人宽宏大量吗？现在怎么和您老婆这么计较啊。"相信他听了这样的话，肯定会为你的幽默而开口大笑，一场家庭纠纷也就会化解于无形中。劝母亲时可以这样说："我爸那边早已经妥协了，正准备去菜市场买些大闸蟹（母亲喜欢吃而又不舍得买），给您做一顿好吃的晚餐呢？"相信你母亲会因为大闸蟹太贵而去阻止你父亲，这样，你的"阴谋"不就得逞了吗？

　　二是吵架后，双方都感到后悔，但出于自尊，都羞于主动启齿，做子女的应创造各种机会，为双方搭桥，暗中巧妙周旋让双亲言归于好。这时你不妨借助一下第三人，例如说"爸、妈，我朋友今天来咱家做客，他们还说要尝尝咱家的拿手菜呢，爸的红烧茄子和妈的烧带鱼都得好好做啊，要不然他们该说我吹牛了"或者削一个苹果，"妈，这是我爸给你的，他怕你不理他，让我给你拿过来"。想和好的母亲肯定是会乐意接受这个苹果的。

　　三是一方想和好，另一方却怒气未消。子女要及时将一方急于和好的心情进行传递。一般情况下，疼爱孩子的父母往往经不住孩子的"软磨硬泡"，几经劝说，就能和好如初。无论面对哪种情况，对子女来说，都要十分耐心，不能操之过急，还要讲究方法，聪明机灵。

　　任何夫妻都有吵架的时候，但夫妻吵架的时候孩子的态度通常是很重要的，因为没有父母不疼自己的孩子。

正确对待父母的打骂

很多家长受"棒下出孝子"观念的影响，常有打骂体罚子女的行为发生，作为子女，遇到这样的父母时应怎么办呢？

首先要理解父母的心情。父母体罚你多半是由于你的不争气、不努力，辜负了父母的希望，由怨恨导致打骂，宣泄不满，是想唤起你的醒悟。我们应该理解父母的举动，找找自己的原因，不要与父母计较，向父母主动承认错误。只有严格要求自己，以后不犯类似的错误，才能避免父母的再次打骂。一个真正懂事、孝敬父母的孩子是不会计较父母的行为的，应该更多看到自己的过错和给父母带来的伤害，体谅父母不正确做法中合情合理的成分，看到隐藏在打骂背后的父母的一片苦心。如果挨打主要是由于父母性情粗暴、教育方法不当造成，就要做必要的解释工作，"我知道您这是为我好，但我都这么大了，知道对错，能分清是非了，希望您以后别再操心了。""您对我的期望我理解，但这种暴力教育方式我很难接受。"，等等。但说这番话时最好在他们情绪暴怒之前，或事情过后父母心情平稳下来的时候，否则只能是火上浇油。

其次不要自作聪明。无论在何种情况下挨了打，都不能赌气，产生对立情绪，说出"你们不配做父母""你凭什么打我""我以后再也不进这个家，不想看见你们"诸如此类的话。这样的话不但会使父母更伤心，矛盾更激化，更重要的是会因为我们不听从父母的忠告，犯更大的错误。有些人，特别是青少年对父母的打骂心里不满，表面装得无所谓，为免受皮肉之苦以消极的态度应付父母，能瞒就瞒，能骗就骗，报喜不报忧，这样做的后果是很难想象的。

我们知道父母打骂孩子，都是为了孩子好，道理虽说如此，但我们受到父母的打骂时，都会觉得不舒服。那么如何才能避免受到父母的打骂呢？

1. 学会面对父母的误解

在家庭生活中，孩子因受父母错怪而挨打是常有的事。这种因误解而挨打的事实在难以容忍，但如果你遇到了，千万要沉住气，要克制自己，千万别说出过激的话来，如"又不是我的错，你们不分青红皂白就打一顿""你们不配做我的父母""我恨死你们了"，等等，避免因过分强烈的反应而加深彼此之间的误会。那么在遇到这种情况时我们该怎么做呢？

首先我们要耐心听完父母的责怪、训斥，以便弄清他们是在什么事情、什么问题上对你产生了误解。如果确实因父母把问题搞错了，那么就可适当作些解释工作，"其实事情不是您想的那样，我之所以迟到，是因为朋友脚崴了，我送她去医院了"。只要事情本身比较简单，父母情绪又比较平稳，误会马上就会消除。许多事情不是三言两语就可以解释清楚的，一般事发时父母的情绪比较激动，你越解释，他们可能越发火，与其如此，不如静下心来不说话，虽然这样做有默认过错的危险，但保持暂时沉默对缓和紧张气氛、减少对父母的感情刺激是有好处的。沉默不语不容易，争辩解释又会激化矛盾，在遭遇责怪时可借故设法暂时离开父母。你听不到那些刺激性的语言，心情就会慢慢平静，父母找不到数落的对象，怒气也会慢慢消失。

无论采取什么办法，最终目的都是要弄清事情原委，帮助父母消除误会，待大家都心平气和时再进行详细的解释，要避免使用刺激性语言，更不要责怪埋怨父母一时的不当。一切真相大白时，父母一定会为错怪你而后悔，你可千万不要忘记给父母以体贴的宽慰。切忌对父母生气失去信任，更不能因此而采取过激的行动。要多想想平时父母对自己无微不至的关怀，多想想他们往日的亲情。

2. 不和父母"顶牛"

现实生活中，父母不可能事事处处都依从孩子，加上你的所作所为并不一定都有道理，一旦主观愿望得不到满足，就感到失去了面子，于是就与父母闹起别扭。与父母"顶牛"只能给父母带来痛苦，也会给自己增加烦恼，甚至给家庭带来不和。有的孩子并不是存心与父母过不去，有时连自己都说不清为什么会把事情搞僵。其实原因很简单：一是自尊心太强，只注意自己在别人心目中的形象，平时喜欢听好话，听不进逆耳话，在家里总希望父母顺着自己，不愿自己的意见遭到否定；二是任性，性格自负，自以为是，过于好强；三是感情用事。

无论怎么说，和父母"顶牛"都是不对的，作为小辈在冲撞了父母之后，从尊重父母出发，应立即向父母赔礼道歉，恳求他们的原谅。只要你真心诚意向父母说几句表示歉意的话，他们会很快转忧为喜谅解你的。千万不要觉得认错有失面子，如果觉得用语言讲和有困难，也不妨写封信给他们，这才是理智的正确办法。切忌感情用事，不理父母或找机会发泄不满，甚至图一时痛快，乱使性子，离家出走。要避免与父母"顶牛"应该不断自我反省，学会控制自己的情绪，掌握正确分析问题、解决问题的方法。

3. 正确面对父母的拒绝

要求遭到父母的拒绝，孩子常常会感到失望，但往往是事出有因的。一是孩子不考虑家庭情况要求过高，一般只要家庭条件许可，父母总会想方设法满足子女吃、穿、用等方面的要求，但有些孩子为了满足自己，不切实际地提出过高的物质要求，给家庭生活带来困难和负担，肯定会遭到家长的拒绝；二是与家长的想法不合，考虑问题要全面，要合情合理，不要老是站在自己的角度，要设身处地地想一想；三是孩子的要求提得不合时宜，即提出要求的时间、地点、场合不对。

那么如何处理呢？首先我们要有家庭意识，某些要求只有在父母的帮助、指导下才能去完成。要注意提的时机，合理的要求因为提得不合时宜也会遭到拒绝，所以要注意父母的情绪，要注意选择恰当的日子，还要看地点场合，一般来说，在客人面前不宜向父母提要求。考虑家庭经济承受能力，把要求的理由恰当地说清讲透。为了弄明白父母意图，可进行适当的试探，注意创造融洽和谐的气氛和说话的口气，然后再慢慢提出。

另外，遭到拒绝不一定是坏事，父母对子女的要求一概满足是不现实的，如果父母对子女百依百顺，也不利于子女的成长。

恰当化解与父母的争执

在孩子的眼里，父母似乎永远是自由的反义词；在父母的眼里，孩子似乎总是天真的代名词。当你对某一事物的看法与父母不一致，而父母又不肯改变自己的观点时，你应该运用怎样的说话技巧说服父母呢？

与父母意见不一致时，很多人会与父母顶嘴、唇枪舌剑地理论，也有一些人会躲在一边生闷气，要不然就是拂袖而去，一走了之……这样做可以在一定程度上发泄愤怒的情绪，但会伤害你与父母之间的感情，而且也无助于培养你和父母相互尊重的习惯。因此，最好能学会并掌握说话的艺术，以建设性的方式处理你与父母想法不一致的情况。

下面不妨看看这样一个例子：

小王到北京出差时，遇到张敏，两人一见如故，短短一个月便成为亲密无间的好友。事情办完后小王不得不离开北京，临走前小王把地址、电话都留给了张敏。

没过多久，张敏也出差，目的地正好是小王所在的城市，于是他给小王打了电话。二人在小王家见面了，像故友一样两人无话不谈。等张敏走后，小王的父母发话了："你怎么交了这么个朋友，这个人看起来很不地道。"小王一听不乐意了："我交什么朋友，你们都不满意。""我们这是为你好，怎么这么不懂事？""你们看着好就一定好吗？你们觉着不好，就不能来往吗？"父母听了气不打一处来，开始骂了起来。小王一看这样说下去肯定不行，马上缓和了口气："我知道你们是为我好，张敏和我属于同一个集团，做事干练，人也挺好的，而且从小没了父母，也怪可怜的。再说了，我都这么大了，也能分清是非了。"父母听了小王的话也缓和了下来，最后小王终于说服了父母。

子女与父母发生争执是很正常的，因为一个人看问题的角度往往与他（她）过去的经历和现在的状况有关。因此，每个人的看法都会有一定的道理。与你相比，父母的人生阅历丰富，考虑问题会比较周到，但也容易形成固定的看法，产生偏见。你呢？由于思想上没有那么多框框，容易接受新东西，但考虑问题难免片面、肤浅。如果你既能看到对方意见中不合理的成分，还能看到其中有道理的一面，不仅能化干戈为玉帛，还会得到有益的借鉴。

当你与父母的意见不一致的时候，不妨静下心来想想，父母为什么会有这样的看法？其中是否有一定的道理？最好先肯定父母观点中有道理的一面，再说明自己的看法。即使你完全不同意父母的意见，也不要用挖苦的语调大声地与父母说话，那样父母会感到受到了伤害。如果你感到当时不能控制自己的情绪，最好先找个借口离开现场，等大家都心平气和的时候再讨论这个问题。

如果你与父母中的一位关系更亲近，不妨先和他（她）讨论这个问题，说服了一位再请他（她）帮你说服另一位。当然，你也可以请好友到家来一起参与你与父母的讨论。如果父母知道与你同龄的孩子也有与你类似的想法，可能会更容易理解和认可你的意见。

解决争端的过程是一个相互协商的过程，彼此尊重对方的权利非常重要。和你一样，父母有权坚持自己的意见，有权表达不愉快的情绪。作为孩子，你应该尊重他们的权利，这样，他们才更容易尊重你的权利。

多一些了解，少一些冷漠；多一些关爱，少一些摩擦；多一些鼓励，少一些责备。如果我们能为父母多想想，站在他人的角度看自己，也许和父母的争执就不会那么激烈了。

孩子需要父母的支持，父母更需要孩子的理解。只要多和父母交流，坦诚相待，也许在与父母的争执过程中会闪出爱的火花。